essentials

Essentials liefern aktuelles Wissen in konzentrierter Form. Die Essenz dessen, worauf es als „State-of-the-Art" in der gegenwärtigen Fachdiskussion oder in der Praxis ankommt, komplett mit Zusammenfassung und aktuellen Literaturhinweisen. Essentials informieren schnell, unkompliziert und verständlich

- als Einführung in ein aktuelles Thema aus Ihrem Fachgebiet
- als Einstieg in ein für Sie noch unbekanntes Themenfeld
- als Einblick, um zum Thema mitreden zu können.

Die Bücher in elektronischer und gedruckter Form bringen das Expertenwissen von Springer-Fachautoren kompakt zur Darstellung. Sie sind besonders für die Nutzung als eBook auf Tablet-PCs, eBook-Readern und Smartphones geeignet.

Essentials: Wissensbausteine aus Wirtschaft und Gesellschaft, Medizin, Psychologie und Gesundheitsberufen, Technik und Naturwissenschaften. Von renommierten Autoren der Verlagsmarken Springer Gabler, Springer VS, Springer Medizin, Springer Spektrum, Springer Vieweg und Springer Psychologie.

Michael Jaekel

Die Anatomie digitaler Geschäftsmodelle

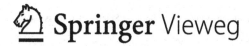

Michael Jaekel
Berlin
Deutschland

ISSN 2197-6708   ISSN 2197-6716 (electronic)
essentials
ISBN 978-3-658-12280-5   ISBN 978-3-658-12281-2 (eBook)
DOI 10.1007/978-3-658-12281-2

Die Deutsche Nationalbibliothek verzeichnet diese Publikation in der Deutschen Nationalbiblio-
grafie; detaillierte bibliografische Daten sind im Internet über http://dnb.d-nb.de abrufbar.

Springer Vieweg

Gedruckt auf säurefreiem und chlorfrei gebleichtem Papier

Springer Fachmedien Wiesbaden ist Teil der Fachverlagsgruppe Springer Science+Business Media
(www.springer.com)

Für die liebsten smarten Kreativen,
Natalia und Konstantin

Vorwort

„Das Internet ist das erste von Menschenhand erschaffene Ding, das der Mensch nicht versteht. Es ist das größte Experiment in Anarchie, das es jemals gab."
(Eric Schmidt)

Der Philosoph Han Byung-Chul bringt das Dilemma der aufkommenden Digitalmoderne prägnant mit den Worten auf den Punkt: „Wir berauschen uns heute am digitalen Medium, ohne dass wir die Folgen dieses Rausches vollständig abschätzen können" [HAN02]. Mithin verstehen wir im Kern nicht, worum es sich bei der Digitalisierung in der Digitalmoderne handelt. Die Digitalmoderne zeigt sich in Form von Echtzeit-Kommunikation, digitalen Apps-Plattformen, Cloud Computing, Social Media-Apps, Smartphones, eReadern und vielem mehr. In ihrem Durchdringungsgrad macht die Digitalisierung vor nahezu keinem Lebensbereich halt.

So wirkt sich die zunehmende Digitalisierung aller Lebensbereiche auch auf bestehende Geschäftsmodelle in zahlreichen Branchen aus. Insbesondere für Unternehmen, die in ihrem dominanten Branchenautomatismus gefangen sind, stellt der Digitalisierungstrend die größte Herausforderung dar. Ein besseres Verständnis für digitale Geschäftsmodelle ist notwendig.

Das vorliegende *essential* stellt eine Einführung in die Thematik digitaler Geschäftsmodelle dar und richtet sich an einen breiten Leserkreis. Es zielt insbesondere darauf ab, das Wesen digitaler Geschäftsmodelle verständlich zu machen. Das innere Gefüge, die Anatomie digitaler Geschäftsmodelle werden aufgefächert. Hinzu kommen Anregungen und Prinzipien für das Design digitaler Geschäftsmodelle. Dies erfolgt nicht abstrakt, sondern praxisorientiert am Beispiel einer digitalen Smart City-Apps-Plattform mit einem Ökosystem.

Bei dieser Einführungsschrift handelt es sich um erweiterte Kapitel aus den beiden Büchern „Die digitale Evolution moderner Großstädte" und „Smart City wird Realität". Der Ergänzungsband schließt damit den Themenkomplex „Smart City" ab.

Eine derartige Einführung ist immer das Ergebnis einer Zusammenarbeit zahlreicher Experten. Viele Ideen, Hinweise und Anregungen entstanden aus Diskussionen mit Experten des Massachusetts Institute of Technology (MIT), Google Inc., Amazon.Inc., BITKOM und der SAP AG. Damit ist die Liste sicher nicht komplett und ich entschuldige mich bei allen, die nicht erwähnt wurden. Auch ihnen gilt mein Dank.

Berlin, im Oktober 2015   Michael Jaekel

Inhaltsverzeichnis

Prolog: Digitalisierung ist die Chiffre einer neuen Zeit

1

> *„Es ist besser, ein Pirat zu sein, als der Navy beizutreten.*
> *Lasst uns Piraten sein. "*
> (Steve Jobs)

Der Urknall der digitalen Revolution erfolgte mit der Veröffentlichung eines spektakulären Artikels über die Chipproduktion am 19.4.1965 in der Fachzeitschrift „Electronics". Darin beschreibt Gordon Moore eine empirische Beobachtung, die er zu der Prognose verdichtete, wonach eine ständige Leistungssteigerung der Mikroprozessoren bei sinkenden Kosten zu erwarten ist. Die Prognose von Moore wurde unter der Bezeichnung **„Mooresches Gesetz"** um 1970 von Carver Mead geprägt und einem breiten Publikum bekannt gemacht. Ursprünglich sagte Moore eine jährliche Verdoppelung der Leistungssteigerung der Mikroprozessoren voraus, korrigierte diese Aussage jedoch 1975 in einer Rede vor der Society of Photo-Optical Instrumentation Engineers (SPIE) auf eine Verdoppelung alle zwei Jahre. Moores damaliger Intel-Kollege David House brachte eine Abschätzung von 18 Monaten ins Spiel, was heute die verbreitetste Variante des „Mooreschen Gesetzes" ist und auch den Rahmen bildet, an dem die Halbleiterindustrie ihre Entwicklungspläne auf mehrere Jahre hinaus festmacht [WIKI03].

Die Prognose von Moore wurde zum Leitbild der aufkommenden Digitalisierung. Sie führte zu so revolutionären Dingen wie Smartphone, Tablett oder Google Glass. Die exponentiell leistungsfähiger kleiner und sparsamer werdenden Chips sind entscheidend für die digitale Revolution. Durch die digitale Revolution entwickelte sich die postindustrielle, digitale Gesellschaft. Diese Gesellschaft verändert den Lebens- und Arbeitsalltag der Menschen auf bisher unbekannte Weise. Immer mehr Menschen können dank der starken Verbreitung leistungsfähiger digitaler Endgeräte mit Internetzugang von jedem Ort der Erde aus arbeiten, der an das Internet angeschlossen ist. Das Internet bietet einen einfachen Zugang zu digitalisierten Büchern, Musik, Filmen, Zeitungen, wissenschaftlichen Berichten,

© Springer Fachmedien Wiesbaden 2015
M. Jaekel, *Die Anatomie digitaler Geschäftsmodelle,* essentials,
DOI 10.1007/978-3-658-12281-2_1

Websites etc. Durch unsere digitalen Identitäten sind wir immer stärker miteinander vernetzt, leben und arbeiten zunehmend mobil und digital. Die digitale Technik zieht so immer mehr in den Lebensalltag ein.

Die neue, durch Mobiltelefone geprägte Mobilität, hat die Grenzen von Raum und Zeit sprichwörtlich eliminiert. So skizziert, erscheint die postindustrielle Gesellschaft schemenhaft digital. Welche weiteren Faktoren machen das Wesen der Digitalisierung in der aufkommenden Digitalmoderne aus? In der Literatur findet sich keine einheitliche Definition des Begriffs „Digitale Ökonomie oder Digitalisierung". Vielmehr wird die zunehmende Digitalisierung auch als „Digitale Revolution" oder „Elektronische Revolution" bezeichnet.

Darunter versteht man den durch die Digitalisierung und Computer bedingten Umbruch und Wandel in Technik und (fast) allen Lebensbereichen. Dabei basiert die digitale Revolution auf der Erfindung des Mikrochips (Integrierter Schaltkreis) und dessen exponentieller Leistungssteigerung (Stichwort: Mooresches Gesetz), der flexiblen Automatisierung in der Produktion sowie dem weltweiten Aufbau leistungsfähiger Kommunikationsnetze wie dem Internet [WIKI01]. Diese Kennzeichnung der Digitalisierung ist unzureichend. Es müssen noch weitere Aspekte hinzukommen, um sich dem Wesen der Digitalisierung nähern zu können. Der damalige Leiter des Palo-Alto-Forschungs-zentrums der Firma Xerox, Mark Weiser, hat im Jahre 1991 seine Vision „The Computer for the 21st Century" in einem Aufsatz formuliert: „Die folgenreichsten Technologien sind jene, die man schließlich so gut wie nicht mehr wahrnimmt. Sie haben sich so stark mit dem täglichen Leben verwoben, dass man sie nicht mehr von der übrigen gewohnten Umgebung zu unterscheiden vermag" [WEIS].

Die technologischen Entwicklungen in der aufziehenden Digitalmoderne werden sich disruptiv auf zahlreiche Industrien der Wirtschaft auswirken. Der Autor Nicholas Negroponte stellte in seinem Buch „Total digital. Die Welt zwischen 0 und 1 – Visionen über das Leben im digitalen 21. Jahrhundert" die These auf, dass alles, was sich digitalisieren lässt, auch früher oder später digital zur Verfügung steht. Zudem werden diese digitalisierten Daten und Informationen jederzeit und überall über ubiquitäre Netzwerkinfrastrukturen verfügbar sein. Für Negroponte stellt die **digitale Ökonomie** eine **universelle Plattform** dar, auf der die Wirtschaft zukünftig aufbauen wird [NE01]. Die Regeln dieser digitalen Ökonomie kennzeichnete der Gründungsredakteur des international bekannten „Wired" Magazins, Kevin Kelly, bereits 1998 in seinem Buch „New Rules for the New Economy" wie folgt: „Diese ‚New Economy' basiert auf drei unterschiedlichen Charakteristika: Sie ist **global**. Sie begünstigt **intangible Dinge – Ideen, Informationen und Beziehungsnetzwerke**. Außerdem ist diese ‚New Economy' **hypervernetzt**. Diese drei Attribute erzeugen eine neue Art von Markt und Gesellschaft, die in ubiquitäre elektronische Netzwerke eingebettet sind" [KE01].

Eine zentrale Rolle kommt hierbei dem intangiblem Produktionsfaktor **Informationen** beziehungsweise **Daten** zu. Die digitalen Daten sind der Treibsatz des technologischen Wachstums im digitalen Zeitalter. So beschreiben die Autoren Brynjolsson und McAffee in ihrem Buch „The Second Machine Age" [BRY] das digitale Zeitalter als von einem technologischen Wachstum charakterisiert, das folgende Aspekte umfasst: **digitale Daten, exponentielles Datenwachstum** und **Kombination** (siehe Kap. 2.3). Insbesondere diese Faktoren werden für die Ausgestaltung digitaler Geschäftsmodelle von zentraler Rolle sein (siehe hierzu insbesondere Kap. 3). Der technologische Wachstumspfad wird disruptive Auswirkungen auf nahezu sämtliche Bereiche der Wirtschaft haben. Die meisten Industrien basieren in unterschiedlicher Ausprägung auf dem Produktionsfaktor digitale Daten beziehungsweise digitale Informationen: Medienindustrie, Gesundheitswesen, Bildung, Energieerzeugung, Transportwesen etc. Hinzu kommt, dass der Produktionsfaktor digitale Daten immer billiger hergestellt und von den Nutzern selbst bereitgestellt wird. Das wirkt sich direkt auf die Kostenkurven in zahlreichen Industrien aus. Ausgedrückt in ökonomischer Sprache „…stehen einer Branche große Veränderungen bevor, wenn sich die Kostenkurven bei einem Hauptproduktionsfaktor abwärts bewegen" [SCHMI02]. Ich kann mir angesichts der skizzierten Entwicklungen kaum eine Industrie vorstellen, die unverändert in die Digitalmoderne übergeht.

So ist die Digitalisierung zahlreicher Lebensbereiche die Chiffre einer neuen Zeit, die sich erst in groben Umrissen zeigt. Die schemenhaft aufziehende und disruptiven Wandel evozierende Digitalisierung spaltet momentan die Lager in klare Befürworter oder Gegner. Die Gegner sprechen von einer „Totalprotokollierung des Lebens" und damit von einem neuen Totalitarismus [HAN02][SPIE]. Denn so der Philosoph Byung-Chul: „Die Bewohner des digitalen Panoptikums hingegen vernetzen sich und kommunizieren intensiv miteinander. Nicht räumliche und kommunikative Isolierung, sondern Vernetzung und Hyperkommunikation machen die Totalkontrolle möglich" (…) „ Sie leben in der Illusion der Freiheit. Sie speisen das digitale Panoptikum mit Informationen, indem sie sich freiwillig ausstellen und ausleuchten. Die Selbstausleuchtung ist effizienter als die Fremdausleuchtung" [HAN02]. Gemeint ist die unbekümmert freiwillige Informationsfreigabe von persönlichen Daten in sozialen Medien wie Facebook, YouTube, Twitter wie auch bei der Nutzung kostenfreier Google-Applikationen wie GMail, Google Docs (siehe hierzu insbesondere Kap. 4.2).

Die Nutzerdaten werden dann über Big Data-Algorithmen analysiert, um das menschliche Verhalten zu prognostizieren. Durch die Digitalisierung würde der Mensch in seinen Bedürfnissen, seinem Geschmack, seinem Bild von dieser Welt gelenkt [SPIE] – folglich zunehmend fremdbestimmt. Genau das Gegenteil behaupten die Befürworter der Digitalisierung. Im Kern erweitert sich bei den Befürwortern der Digitalisierung der Mensch zum einen um künstliche Vernunft erweiterten Wesen – zum „homo augmented" sozusagen [SPIE]. Die Grenzen zwischen Mensch und Maschine, zwischen Smartphone und Besitzer, verschwinden und verschmelzen miteinander. Dem Menschen steht das Wissen der Welt jederzeit an jedem Ort zur Verfügung. Mit der Digitalisierung erlangt der Mensch erst die Möglichkeit zur Nutzung seiner Freiheit. Genau dieses Wissen, beziehungsweise die Informationen der Welt, beabsichtigt Google zu organisieren und für alle zu jeder Zeit zugänglich und nutzbar zu machen. Die Brisanz dieses Google-Mottos wird im weiteren Verlauf des Buches noch deutlicher werden (siehe Kap. 4.2).

Die Digitalisierung ist die Chiffre einer neuen und noch weitgehend unbekannten Zeit. Dies zeigt sich auch in der Reaktion betroffener Branchen auf die mit der Digitalisierung verbundenen Herausforderungen. Der Börsenverein des Deutschen Buchhandels reagiert auf die Herausforderungen der Digitalisierung im Buchhandel geradezu naiv mit dem „Vorsicht Buch!"-Slogan: „Wer Bücher liebt, der kauft in der Buchhandlung" [VOBU]. Hier wird deutlich, wie sehr darauf geachtet wird, ein altes Geschäftsmodell (besonders geschützt noch durch die Buchpreisbindung in Deutschland) zu verteidigen, anstatt es digital zu transformieren. Der Internetriese Amazon und das von Google betriebene Buchprojekt werden den Buchmarkt durch die Digitalisierung in naher Zukunft transformieren. Dies wird mit oder ohne etablierte Spieler im Markt geschehen, die in ihrer dominanten Branchenlogik [GASS01] gefangen sind. Nicht nur die Buchbranche versteht die Digitalisierung und die damit verbundenen Konsequenzen nur unzureichend, obgleich sie diese bereits schmerzlich zu spüren bekommt.

Begleiten Sie mich weiter auf der Reise durch die aufziehende Welt der Digitalmoderne. Im nächsten Kap. skizziere ich das Wesen und die Kernelemente eines Geschäftsmodells. Am Beispiel einer digitalen Smart City-Apps-Plattform mit einem Ökosystem werde ich im Kap. 3 praxisorientiert die schematische Anatomie digitaler Geschäftsmodelle auffächern. Im Kap. 4 untersuche ich digitale Geschäftsmodelle in der Praxis und leite Design-Prinzipien digitaler Geschäftsmodelle ab. Im Kap. 5 schließe ich den Kreis meiner Überlegungen zum Komplex digitaler Geschäftsmodelle.

Wesen und Kernelemente eines Geschäftsmodells

2

„Was gefährlich ist, ist sich nicht zu entwickeln!"
(Jeff Bezos)

In seinem Buch „The New New Thing: A Silicon Valley Story" bezeichnet Michael Lewis den Begriff „Geschäftsmodell" als „a term of art" – „einen Kunstbegriff" [LEW01]. Dem gegenüber steht die Vorstellung, jeder wüsste sofort, was der Begriff Geschäftsmodell bedeutet, ohne diesen aber eindeutig definieren zu können. Und darin liegt bereits das Dilemma. Der Komplex „Geschäftsmodell" wird in der Literatur, Wissenschaft und Praxis sehr unterschiedlich definiert, abhängig davon, in welchem Kontext gewissermaßen damit umgegangen wird.

In der klassischen Strategieliteratur existiert der Begriff des Geschäftsmodells nicht [WIKI05]. Der neuseeländische Wirtschaftswissenschaftler, David Teece, postuliert in seinem 2009 erschienen Aufsatz „Business Models, Business Strategy and Innovation", dass dem Konzept des Geschäftsmodells die theoretische Grundlage fehlt. Es fehlt einfach der geeignete Platz für den Komplex „Geschäftsmodell" in der ökonomischen Forschung und Theorie [TEECE].

Der aus der Wirtschaftsinformatik stammende Begriff Geschäftsmodell erfuhr mit der aufkommenden Wissensindustrie, dem eCommerce im Internet, dem enormen Wachstum des Internets, dem Offshoring und Outsourcing zahlreicher Geschäftsaktivitäten sowie der globalen Restrukturierung der Finanzindustrie eine größere Popularität.

Insbesondere mit dem Aufkommen der „New Economy" Mitte der 1990er entstanden zahlreiche neue Geschäftsmodellvarianten [KRESS] [JONDA]. Zuvor, so Peter Drucker 1994 in einem Harvard Business Review (HBR)-Artikel „The Theory of Business" [DRU] und Joan Magretta 2002 im HBR-Artikel „Why business models matter" [MAG], entstanden Geschäftsmodelle „...more by accident than by design or foresight, and became clear only after the fact". So ausgedrückt

© Springer Fachmedien Wiesbaden 2015
M. Jaekel, *Die Anatomie digitaler Geschäftsmodelle*, essentials,
DOI 10.1007/978-3-658-12281-2_2

manifestierte sich ein Geschäftsmodell einfach aus der schieren Existenz eines Unternehmens selbst, ohne ein vorausgegangenes Geschäftsmodell-Design. Im folgenden Kap. 2.1 nähere ich mich dem Wesen des Komplexes Geschäftsmodell, indem ich die innere Logik und die Kernelemente eines Geschäftsmodells kurz beleuchte.

2.1 Die Elemente und Logik eines Geschäftsmodells

Die Beschreibung von Geschäftsmodellen dient dazu, die Schlüsselfaktoren des Unternehmenserfolgs oder Misserfolgs zu analysieren und zu verstehen. So stellt ein Geschäftsmodell nur eine Annäherung an die reale Organisation eines Unternehmens dar – eine strukturelle Abstraktion. Joan Magretta konstatiert in ihrem bereits erwähnten Artikel, dass ein Geschäftsmodell im Wesentlichen beschreibt, wie ein Unternehmen funktioniert. Damit sind u. a. folgende Ziele verbunden:

- Analyse der eigenen Geschäftstätigkeit, um sie transparent zu machen,
- Verbesserung der momentanen Geschäftstätigkeit, um sich gegenüber Wettbewerbern zu differenzieren,
- systematische Darstellung und Evaluierung neuer Geschäftsideen,
- Prüfung der (schnellen) Skalierbarkeit des Geschäftsmodells auf beispielsweise neue Märkte [WIKI05].

In der Essenz dient ein Geschäftsmodell als Werkzeug und Analyseeinheit, Kommunikations- und Darstellungsform eines Unternehmens. In einer breiten analytischen Untersuchung, veröffentlicht im „Journal of Management", haben die Autoren um Christoph Zott et al. [ZAM] den Komplex „Geschäftsmodell" in der Literatur untersucht und kommentiert. Dabei sind sie zu folgenden Schlußfolgerungen gekommen:

- a) Die Wissenschaft kann sich trotz der zahlreichen Literatur zum Thema „Geschäftsmodell" nicht darauf einigen, was ein Geschäftsmodell ist. Oftmals wird festgestellt, dass Forscher auf ihre Forschungszwecke hin zugeschnittene Definitionen heranziehen.
- b) Die Literatur zu Geschäftsmodellen entwickelt sich weitgehend in Silos, je nach Interessenlage der Forscher. Die wesentlichen Interessengebiete umfassen: 1) eBusiness und die Anwendung von Informations- und Kommunikationstechnologien in Organisationseinheiten; 2) strategische Aspekte wie Wertschöpfung, Wettbewerbsvorteile und Unternehmensperformance; 3) Innovations- und Technologie-Management.

- c) Einige gemeinsame Aspekte kristallisieren sich trotz konzeptioneller Unterschiede zwischen den Forschern heraus: 1) Es gibt eine weitgehende (implizite und explizite) Übereinstimmung, dass das Geschäftsmodell ein neues Analyseinstrument darstellt, das sich von dem Produkt, der Firma, der Industrie oder dem Netzwerk, unterscheidet. Das Geschäftsmodell fokussiert sich auf eine singuläre Firma, aber die Grenzen gehen über die Firmengrenze hinaus; 2) Geschäftsmodelle betonen den schematischen, systemischen, holistischen Ansatz zur Erklärung wie Unternehmen funktionieren („do business"); 3) Die Aktivitäten des speziellen Unternehmens und ihrer Partner spielen eine wesentliche Rolle bei den in der Literatur vorgeschlagenen, unterschiedlichen Konzeptualisierungen von Geschäftsmodellen; 4) Geschäftsmodelle stellen darauf ab, den Aspekt Wertschöpfung („value creation" und „value capture") zu erläutern [ZAM].

Wie oben aufgeführt, gibt es in Literatur und Praxis eine Vielzahl an Definitionsansätzen mit unterschiedlichen Ausprägungen und Schwerpunkten. Die gemeinsamen Aspekte der unterschiedlichen Forschungsansätze im Punkt c) bilden aber ein fruchtbares Fundament für die Definition eines Geschäftsmodells. Ausgehend von diesen Überlegungen wird im folgenden Kap. 2.2 eine praktikable Definition für den Begriff „Geschäftsmodell" abgeleitet.

2.2   Zur Definition des Begriffs „Geschäftsmodell"

Auf einer sehr generischen Ebene lassen sich Geschäftsmodelle als die Logik, mit der eine Organisation die finanzielle Überlebensfähigkeit sicherstellt, charakterisieren. Prinzipiell stellt ein Geschäftsmodell „ein angewandtes Geschäftskonzept dar, welches der Beschreibung, Analyse und Entwicklung der Grundlogik unternehmerischer Leistungserstellung" [DOLE] dient. Es aggregiert zur Komplexitätsbeherrschung, vereinfacht die wertschöpfenden Abläufe, Funktionen und Interaktionen zum Zwecke der kundenseitigen Nutzenstiftung, Sicherung des Wettbewerbsvorteils und erwerbswirtschaftlichen Erlösgenerierung in einer transparenten schematischen Architektur. Anders ausgedrückt, besteht ein Geschäftsmodell aus drei Hauptkomponenten: **Value Proposition** (Welchen Nutzen stiftet das Unternehmen?), **Architektur der Wertschöpfung** (Wie wird die Leistung in welcher Konfiguration erstellt?) und dem **Ertragsmodell** (Wodurch wird Geld verdient?) [STÄHLER]. Eine besondere Bedeutung kommt dabei den beiden Aspekten „Customer Value Proposition" (Kundennutzen) und „Value Capture" (Wertschöpfung) zu [IAN]. Im Kap. 3 wird die schematische Anatomie digitaler Geschäftsmodelle aufgefächert.

Dabei wird deutlich werden, dass durch die digitale Transformation besonders die Kern-Geschäftsmodellaspekte „Customer Value Proposition" und „Value Capture" verändert werden.

Für das weitere Verständnis orientieren wir uns an der **Geschäftsmodell-Definition** von David J. Teece: „Ein Geschäftsmodell beschreibt die Logik, die Informationsflüsse und andere Kernaspekte, die einen Kundenutzen (value proposition) erzeugen". Zudem beschreibt ein Geschäftsmodell die Erlös- und Kostenstrukturen, die bei der Erzeugung des Kundennutzens anfallen [TEECE]. Hinzu kommt nach Teece, dass ein Geschäftsmodell artikuliert, wie die aus der Erzeugung des Kundennutzens entstandenen Erlöse in Unternehmensgewinne umgewandelt werden.

Der disruptive Charakter digitaler Geschäftsmodelle basiert auf der Schumpeter-Dynamik der „schöpferischen Zerstörung". Nach Schumpeter [SCHUM] sorgen die Schlüsselfiguren des kapitalistischen Systems für die schöpferische Zerstörung: die Pionierunternehmer, und zwar mittels permanenter Durchsetzung neuer Kombinationen von Produktionsfaktoren. Die Art dieser Kombinationen von Produktionsfaktoren als Wegbereiter digitaler Geschäftsmodelle beleuchte ich im folgenden Kap. 2.3.

2.3   Die Schumpeter-Dynamik als Wegbereiter digitaler Geschäftsmodelle

Der österreichisch-amerikanische Ökonom Joseph Alois Schumpeter charakterisierte das Wachstum der kapitalistischen Wirtschaft als neue Kombinationen von Produktions- und Transportmethoden, neuen Märkten und neuen Formen der industriellen Organisation. Mit diesen Kombinationen sind Innovationen gemeint, wie Schumpeter es später in seinem Werk der „Theorie der wirtschaftlichen Entwicklung", genannt hat [WIKI04][SCHERER]. Den Wachstumsmotor für die Wirtschaft und damit auch die Gesellschaft bilden aus volkswirtschaftlicher Perspektive technologische Innovationen. Die schöpferische Zerstörung ist kein automatischer und reibungsloser Prozess. Vielmehr hindert die dominante Branchenlogik viele Unternehmen daran, ihr Geschäftsmodell zu transformieren. Die Firmen verharren in der dominanten Logik ihrer Firma und ihrer Branche [GASS01]. Die Mechanismen der Marktwirtschaft setzen Unternehmen aber immer Transformationsprozessen aus. Dem stehen Trägheitstendenzen gegenüber, die den notwendigen Wandel oftmals behindern. Die verstärkte Dynamik in Bezug auf das Verhalten von Nachfragern, Wettbewerbern an den Märkten sowie marktorientierten Innovationen technologischer und sozio-organisatorischer Art führen zu strategischen Wendepunkten für Unternehmen. Diese Wendepunkte können die Wettbewerbsfähigkeit und die schiere Existenz der Unternehmen gefährden. So müssen sich Unternehmen in ihrem Lebenszyklus immer wieder mit folgenden Fragen kritisch auseinandersetzen: Wie stark ist das Geschäftsmodell des Wettbewerbers? Welche Vorteile hat unser Unternehmen im Vergleich zu den Wettbewerbern? Welche Bedingungen würden den Wettbewerber daran hindern oder ihm dabei helfen, ihre Wettbewerbsfähigkeit zu kopieren? [WES01].

Neue Geschäftsmodelle entstehen aber erst, wenn sich die Unternehmen nicht an den traditionellen Wettbewerbern und ihren Angeboten richten. Das Denken und Handeln außerhalb des eigenen Branchenautomatismus ist erforderlich. Die Firma Apple Inc. hat sich mit ihrem iTunes Store als größter Musikeinzelhändler im Internet etablieren können, ohne auch nur eine einzige CD zu verkaufen. Den angestammten Branchengrößen wie Warner, Sony oder EMI gelang es nicht, auf den durch das MP3-Format entstandenen digitalen Tauschhandel von Songs im Internet, produktiv zu reagieren und das Geschäftsmodell digital zu transformieren. Vielmehr agierten die Unternehmen in Mustern ihrer dominanten Branchenlogik und versuchten rechtlich gegen den Tauschhandel im Internet vorzugehen. Durch den Tauschhandel im Internet brachen die physischen CD-Verkäufe dramatisch ein. Erst dem innovativen, disruptiven Spieler Apple mit seinem charismatischen CEO Steve Jobs gelang es, eine legale Möglichkeit für den Download von Musik aus dem Internet bereitzustellen. Apple setzte insbesondere auf den Komfort für den Nutzer. Jedes Fachwissen wurde auf ein Minimum reduziert oder gar eliminiert, um eine intuitive Handhabung für den Nutzer zu ermöglichen. Letztlich führten die Einführung von iTunes, des iTunes Store und den dazu gehörigen Abspielgeräten wie iPod oder später das iPhone zu einer disruptiven Geschäftsmodellinnovation. Die Einführung und rasante Verbreitung des iPod verdrängte den Walkman und tragbaren CD-Spieler. Damit war der Weg bereitet, um dann mit iTunes das zu etablieren, was die großen Plattenfirmen vergeblich versucht hatten. Der Aufbau einer funktionierenden digitalen Musik-Verkaufsplattform. Es entstand eine intuitive Verbindung von Hardware- und Software zu einem Gesamterlebnis für den Nutzer. Da war es für die früheren Branchengrößen bereits zu spät.

Dominant treten bei den digitalen Geschäftsmodellen die digitalen Technologien in den Vordergrund (siehe Kap. 3). Diese digitalen Vernetzungstechnologien zeigen in ihrem Wesen die Merkmale von Innovationen, wie sie Schumpeter charakterisiert hat. Besonders deutlich wird dies beim Aspekt der Rekombination. Die Rekombination von Produktionsfaktoren im klassischen Sinne erfährt in der digitalen Ära eine zunehmende Konzentration auf Daten beziehungsweise Informationen (siehe Kap. 1). Dies führt zur technologischen Innovation nach Schumpeter in Form von Rekombinationen digitaler Daten auf digitalen Plattformen. Wie ist das Prinzip der (Re-)Kombination im digitalen Zeitalter charakterisiert?

Dazu eine These: Die digitale Innovation stellt die rekombinatorische Innovation in ihrer reinsten Form dar. Jede Entwicklung bildet ein Fundament für zukünftige Innovationen. Dabei sind die Erzeugungskosten von Informationen im digitalen Zeitalter relativ hoch, aber die Reproduktionskosten sehr niedrig [SHAP]. Denn digitale Technologien und Daten weisen besondere Charakteristika auf: 1) Digitale Signale können fehlerfrei übertragen werden. Eine Amazon-Webseite wird exakt genauso aussehen, gleich ob diese in Palo Alto (USA) erzeugt wird, oder diese einem Nutzer in Tokio angezeigt wird. 2) Digitale Signale können unbegrenzt repliziert werden, d. h. dieselbe Amazon-Webseite kann Millionen von Nutzern angezeigt werden, ohne Degradation. 3) Sobald die digitale Netzwerk-Infrastruktur aufgebaut wurde, kann dieselbe Amazon-Webseite jedem weiteren Nutzer angezeigt werden, zu nahezu Zero-Marginalkosten [IAN].

Das digitale Universum expandiert unaufhörlich und erzeugt Daten für jede erdenkliche Situation. Die so entstehenden Informationen können prinzipiell unbegrenzt reproduziert und weiterverarbeitet, beziehungsweise kombiniert werden. Aus diesen Kräften explodiert die Anzahl an möglichen (Re-)Kombinationsfaktoren. Dabei werden diese Kombinationsfaktoren im Innovationsprozess nicht verbraucht, sondern erweitern kontinuierlich das Spektrum an zukünftigen Rekombinationen. Das Rekombinationsprinzip ist nicht nur auf digitale Daten beschränkt, sondern dehnt sich auch in die physikalische Welt aus. Gemeint ist das Internet der Dinge, bei dem die physikalische Welt untereinander hochvernetzt ist, in Echtzeit kommuniziert und selbststeuernde Elemente aufweist. Auch hier sind unzählige Rekombinationen denkbar. Transaktionen werden digitalisiert, digitale Daten werden erzeugt, in neuer Art und Weise analysiert, und dann (re)kombiniert. Vormals getrennte Objekte, Menschen und Aktivitäten sind plötzlich miteinander verbunden [IAN]. **Das Paradigma lautet: digitale Vernetzung und Rekombination.**

Im folgenden Kap. 3 wende ich mich der Definition und der Art der Modellierung digitaler Geschäftsmodelle zu, die diesem Buch zugrunde liegen. Daran anschließend beleuchte ich am praktischen Beispiel einer digitalen Smart City-Apps-Plattform mit einem Ökosystem, das heißt, die schematische Anatomie digitaler Geschäftsmodelle.

Digitale Geschäftsmodelle sind strategische Wendepunkte

3

„Nur die Paranoiden überleben"
(Andrew Grove)

In seinem Buch „Nur die Paranoiden überleben" charakterisiert der damalige Intel-Manager Andy Grove das Phänomen der „strategischen Wendepunkte", das Unternehmen in ihrer Existenz gefährden kann. Diese strategischen Wendepunkte führen zu einem erzwungenen oder selbst initiierten Wandel in Unternehmen [GROVE]. Die Firma Intel hatte sich in den 70er-Jahren auf die Fertigung von Speicherchips spezialisiert. In den 80er-Jahren jedoch entwickelte sich für Intel ein strategischer Wendepunkt. Denn zu dieser Zeit produzierten japanische Unternehmen die Speicherchip-Komponenten in zunehmend besserer Qualität und überschütteten damit den Markt zu Dumpingpreisen [GRIM]. Die Existenz der Firma Intel lief auf einen strategischen Wendepunkt zu. Der Manager Grove entschied sich gegen viele unternehmensinterne Widerstände zu einer schöpferischen Zerstörung im Sinne Schumpeters. So zerstörte Intel maßgeblich unter dem Einfluss von Grove sein Geschäftsmodell und vollzog den Wandel zum weltweit dominierenden Hersteller von Mikroprozessoren. Mit der Weiterentwicklung von Mikroprozessoren beschleunigte die Firma Intel die digitale Revolution.

Durch die digitalen Vernetzungstechnologien stehen zahlreiche Unternehmen vor strategischen Wendepunkten. Mit der Digitalisierung nahezu aller Lebensbereiche, und damit auch von Geschäftsmodellen, werden diverse Unternehmen mit den Herausforderungen der rekombinatorischen Innovation (siehe Kap. 2.3) in der aufziehenden Digitalmoderne konfrontiert. Nur diejenigen Unternehmen können strategische Wendepunkte erfolgreich überwinden und die digitale Transformation vollziehen, die aus ihrem Branchenautomatismus ausbrechen. Die digitale Transformation folgt schematisch einem evolutionären Entwicklungspfad (siehe Abb. 3.1) und entfaltet disruptive, revolutionäre Dynamiken. In der Abb. 3.1 fin-

© Springer Fachmedien Wiesbaden 2015
M. Jaekel, *Die Anatomie digitaler Geschäftsmodelle*, essentials,
DOI 10.1007/978-3-658-12281-2_3

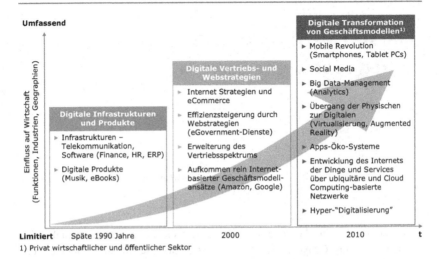

Abb. 3.1 Die Evolution der digitalen Transformation (in Anlehnung an [BER])

den sich charakterisierende Elemente der Digitalisierung aus Kap. 1 wieder, ergänzt um weitere Aspekte, die im weiteren Verlauf des Buches skizziert werden. Eine ausführliche Darstellung der digitalen Vernetzungstechnologien findet sich in [JA01].

Mit den bisherigen Überlegungen können wir uns dem Themenkomplex „Digitaler Geschäftsmodelle" annähern. Die digitalen Informations- und Kommunikationstechnologien spielen dabei eine prägende Rolle. In einem Artikel im Strategic Management Journal betont Richard Bettis, dass Innovationen, die durch innovative Querschnittstechnologien wie das Internet ausgelöst werden, nicht durch die klassischen Analyseeinheiten in der Strategieentwicklung erfasst und begriffen werden können [BETTIS]. So schlagen Stähler [STÄHLER] und Osterwalder [OSTER02] das Konzept des Geschäftsmodells als Analyseeinheit für neue internetbasierte Unternehmen vor. Insbesondere in der Vermarktung nahezu unbeschränkt kopierbarer Güter muss expliziter als bei physischen Gütern das Erlösmodell, beziehungsweise das Wertschöpfungsmodell dargestellt werden. Somit können wir festgehalten, dass sich das Konzept des Geschäftsmodells als Analyseeinheit für diejenigen Unternehmen eignet, die auf innovativen digitalen Vernetzungstechnologien basieren. Die Geschäftsmodelldefinition nach Teece in Kap. 2.2 wird zur Ableitung der Definition eines digitalen Geschäftsmodells um digitale Vernetzungstechnologien erweitert.

Als digitales Geschäftsmodell gilt, wenn Veränderungen von digitalen Technologien zu essentiellen Veränderungen in der Geschäftstätigkeit und der Art, wie

Unternehmen Umsätze generieren, führt [VEIT] [ZAM]. Ein Geschäftsmodell wird im Kern dadurch definiert, wie ein Unternehmen einen Wertbeitrag für Kunden erzeugt und monetarisiert (customer value proposition and value capture). Die digitalen Technologien ändern beide Aspekte essentiell [IAN]. In der Literatur kristallisieren sich folgende, beschreibende schematische Elemente digitaler Geschäftsmodelle heraus: Wertschöpfung (Wertströme, Kundennutzen), Finanzaspekte (Umsatzströme, Kostenstrukturen), schematische Architekturen von Netzwerken (Lieferketten, Netzwerkbeziehungen, Logistik, digitale technologische Infrastrukturen und Netzwerke), Flüsse (Geld, Information, Produkt oder Service) [ZAM]. Prinzipiell beschreibt ein digitales Geschäftsmodell auf einem hohen Abstraktionsniveau „... die jeweiligen Kombinationen aus Erlösmechanismen, Wachstumskonzepten, Leistungs- und Kooperationssystemen sowie innovativen Informations- und Kommunikationstechnologien (IKT) [JONDA]."

Die skizzierten Elemente werden in den folgenden Kap. 3.1 bis 3.3 bei der Ausgestaltung digitaler Geschäftsmodelle am praktischen Beispiel einer digitalen Smart City-Apps-Plattform mit einem Ökosystem schematisch skizziert – bewusst abgestimmt auf die Grundlogik und prinzipiellen Elemente von digitalen Geschäftsmodellen. Für weitere Ausführungen zu (digitalen) Geschäftsmodellen verweise ich auf Zott et al. [ZAM] sowie auf Wirtz et al. [WIRTZ 01] [WIRTZ 02] [WIRTZ 03] [WIRTZ 04].

Bevor ich die schematische Anatomie digitaler Geschäftsmodelle auffächere, erläutere ich kurz deren Modellierung. In den Wissenschaften existieren unterschiedliche Modelle zur Abbildung von Komplexität. Der Konflikt besteht, stark vereinfacht ausgedrückt, zwischen den mathematisch orientierten komplexen Modellen, den narrativen Modellen und den einfachen Modellen mit begrenzter Anzahl an Parametern. Prinzipiell gilt, was George Box so ausdrückt: „Ihrem Wesen nach sind alle Modelle falsch, aber einige sind nützlich" [WIKIQ01]. So ist es auch bei der Modellierung digitaler Geschäftsmodelle: Ein Experimentieren, Suchen, Vergleichen, Falsifizieren und Wiederverwerfen von Modellen, bis sich Modelle herauskristallisieren, die digitale Geschäftsmodelle kohärenter erklären können. Es geht immer noch darum, das Gebilde digitaler Geschäftsmodelle besser greifen, beschreiben und schließlich verstehen zu können. Es bleibt insbesondere der wissenschaftlichen Welt vorbehalten, gemäß dem pluralistischen Modellansatz [HELB], mit anderen Modellansätzen die Komplexität des digitalen Geschäftsmodelles perspektivisch zu erweitern.

Dieses Buch zielt darauf ab, dem Leser ein prinzipielles Verständnis über das Wesen digitaler Geschäftsmodelle zu vermitteln. Dazu werde ich den Komplex digitaler Geschäftsmodelle narrativ, deskriptiv und schematisch modellieren. Die schematische Anatomie digitaler Geschäftsmodelle wird im folgenden Kap. 3.1 nachvollziehbar am praktischen Beispiel einer digitalen Smart City-Apps-Plattform mit einem Ökosystem modelliert.

3.1   Die schematische Anatomie digitaler Geschäftsmodelle

Die Anatomie digitaler Geschäftsmodelle lässt sich anschaulich am Beispiel einer digitalen Smart City-Apps-Plattform mit einem Ökosystem nachvollziehen. Hierzu werde ich kurz den Komplex „Smart City" skizzieren und darauf aufbauend die schematischen Komponenten einer digitalen Smart City-Apps-Plattform mit einem Ökosystem auffächern.

Versuchen wir eine Annäherung an den Begriff „Smart City". In der Literatur wird der Begriff nicht einheitlich definiert und verwendet. Einen ganzheitlichen Charakter weist der Ansatz von Caragliu et al. auf. Danach ist eine Smart City als smart zu bezeichnen, wenn die Investitionen in das Human- und Sozialkapital und traditionelle Transport- und moderne Kommunikationsinfrastruktur (ICT) zu einem nachhaltigen ökonomischen Wachstum und einer höheren Lebensqualität führen. Dies soll mit einem vernünftigen Umgang natürlicher Ressourcen und einer partizipativen Governance einhergehen [CARAGLIU]. Dieser theoretische Ansatz von Caragliu et al. kann um die Smart City Handlungsfelder von Giffinger et al. erweitert werden. Im Rahmen des interuniversitären Projektes „European Smart Cities" haben Giffinger et al. von der TU Wien einen Kriterienkatalog zur Bewertung mittelgroßer Städte entwickelt, der folgende (eigenständige) Handlungsfelder einer Smart City umfasst: Smart Economy (Wettbewerbsfähigkeit), Smart People (Sozial- und Humankapital), Smart Governance (Partizipation), Smart Mobility (Transport und iCT), Smart Environment (natürliche Ressourcen) und Smart Living (Lebensqualität) [GIFF01]. Den Handlungsfeldern sind spezifische Attribute zugeordnet. **Die** Handlungsfelder einer Smart City nach Giffinger et al. bilden den schematischen Nukleus der holistischen Architektur des Smart City-Ökosystems mit digitaler Apps Plattform (siehe Abb. 3.2).

Die Potenziale der Smart City entfalten sich aber erst im Rahmen eines kooperativen Beziehungsgeflechts zwischen Bürger, Stadtverwaltung, Wirtschaft, Wissenschaft und Politik [JA01]. Es sind die Bürger mit ihren Lebensrealitäten in den verschiedenen Stadtteilen und damit in den Handlungsfeldern einer Smart City, die den erweiterten Nukleus einer Smart City bilden. Der Nukleus ist über Informationsinfrastrukturen mit den weiteren Smart City-Partnern aus Wirtschaft, Politik und Wissenschaft vernetzt. Dieses Gebilde beschreibt konzeptionell eine Smart City [JA01]. Um die schematische Architektur des Smart City-Ökosystems mit digitaler Apps Plattform abzubilden, sind weitere Komponenten notwendig. Erst dann ergibt sich eine holistische Architektur des Smart City-Ökosystems, die als Grundlage für die Entwicklung einer digitalen Smart City-Apps-Plattform mit einem Ökosystem dient. Für eine ausführliche Darstellung der Entwicklung neuer Urbanitäten basierend auf der holistischen Architektur des Smart City-Ökosystems empfehle ich [JA02].

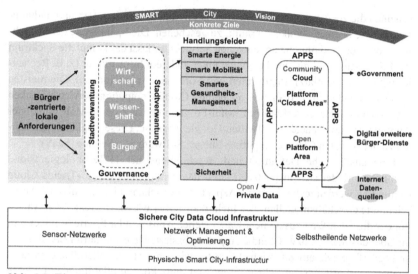

Abb. 3.2 Die schematische Architektur des Smart City-Ökosystems mit digitaler Apps Plattform [JA01]

Ein wesentliches Axiom des digitalen Smart City-Apps-Ökosystems ist die Funktion digitaler Technologien zur Systemintegration und der hochgradigen Vernetzung der unterschiedlichen Smart City-Handlungsfelder. Digitale Smart City-Apps-Plattformen bilden eine wesentliche Komponente bei der Transformation von Stadt-Systemen in den Handlungsfeldern einer Stadt. Diese Plattformen sind Netzwerke wie 4G und Breitband-, Kommunikations-Tools wie z. B. Telefonie, Social-Media- und Video-Conferencing, Rechenressourcen wie Cloud Computing und Analyse- und Modellierungswerkzeuge, die einen tiefen Einblick in das Verhalten von Stadt-Systemen erlauben.

Diese Technologie-Plattformen müssen kontextuell entwickelt werden – im Kontext des holistischen Konzeptes einer Smart City. Denn in der Digitalmoderne durchziehen digitale Technologien nahezu alle Lebensbereiche der Bürger und führen zur Vernetzung aller Handlungsbereiche einer Smart City.

Eine der dominanten innovativen Technologien bildet das **Cloud Computing**, das auf bestehenden Technologien und Konzepten aufbaut. Für unser Verständnis reicht es an dieser Stelle aus, Cloud Computing als Ansatz zu beschreiben, bei dem abstrahierte IT-Infrastrukturen (z. B. Rechenkapazität, Datenspeicher, Netzwerkkapazitäten oder auch fertige Software) dynamisch an den Bedarf angepasst und über ein Netzwerk zur Verfügung gestellt werden. Aus der Sicht des Nutzers

scheinen die zur Verfügung gestellten abstrahierten IT-Services fern und undurch-
sichtig, wie in einer „Wolke" verhüllt, zu geschehen. Die Spannbreite der im Rahmen von Cloud Computing angebotenen Services umfasst das komplette Spektrum
der Informationstechnik und beinhaltet unter anderem Infrastruktur (z. B. Rechenleistung, Speicherplatz), Plattformen und Software (Applikationen). Die meisten
Leser verwenden im Privatleben oft bereits Cloud Computing Services. Denken
Sie nur an im Internet verfügbare E-Mail-Programme wie Google-Mail, Gmx oder
Applikationen wie Facebook, Twitter, Google Apps etc. Diese Applikationen zählen zu der obersten Cloud Computing-Ebene „Software as a Service (SaaS)".

Eine ausführliche Definition und Beschreibung der IT-Technologie Cloud
Computing findet sich in [JA01]. Durch das Aufkommen des IT-Trends Cloud
Computing werden technologische Aspekte beherrschbar, ohne die digitale Apps-
orientierte Geschäftsmodellansätze nicht realisierbar wären. Die reale Welt wächst
mit der digitalen Welt zusammen. Dabei stellen Apps standardisierte Services dar,
die über das Internet bzw. Cloud Computing-basierte Dienste-Plattformen flexibel
und bedarfsgerecht auf zahlreichen Geräten wie Smartphones oder iPad dem Endkunden zur Verfügung gestellt werden. Erst dann können alle digitalen Objekte
unbegrenzt miteinander kommunizieren und die Anwender sind durch bidirektionale Datenströme aktiv mit einbezogen. Mit bidirektionaler Kommunikation ist
gemeint, dass der Nutzer nicht nur Daten von einem PC, einer Maschine oder einer
Applikation erhält, sondern selbst auch Daten zurücksendet.

Auf der Basis bidirektionaler Kommunikation über Cloud-Computing-Diens-
te-Plattformen und dazu gehörige Apps entstehen völlig neue Vernetzungsmuster
(logisch und physisch) zwischen Bürger und der Infrastruktur innerhalb moderner
Städte des 21. Jahrhunderts. In der Folge werden mit diesen digitalen Plattformen
innovative digitale Geschäftsmodelle entstehen und eine Entwicklung von analogen hin zu ‚smarten' Städten vorantreiben. Dem Nutzer werden auf der Basis von
Cloud Computing netzwerkbasierte IT-Services und Daten überall und zu jeder
Zeit („anytime and anywhere") in bidirektionaler Kommunikation zur Verfügung
gestellt. Bei dem digitalen Smart City-Ansatz findet so eine Entkopplung der Com-
puter-Schnittstelle von der physikalischen Infrastruktur statt. Es kommt zu einer
verstärkten Verknüpfung und Integration von Gegenständen, Oberflächen, Räumen
und letztlich unserer gesamten Umwelt. Es entstehen smarte, interaktiv lernende
Netzwerke, auf die alle Akteure einer Smart City über iPads und Smartphones zugreifen können. Dieses bidirektionale, in Echtzeit ablaufende Netzwerk, entsteht
aus sozialen Netzwerken wie Facebook, Cloud Computing-basierten Apps-Plattformen, Verkehrs- und Überwachungssensoren, On-board-Units in eCars, Ladesta-
tionen, Smart Homes und Smart Grids sowie tausenden weiterer Alltagssensoren.
Diese Netzwerke sind smart, interaktiv, lernend und umweltumfassend. Im Ver-

lauf entstehen neuartige digitale Smart City-Apps-Ökosysteme auf der Basis einer breitbandigen bidirektionalen Informationsverteilung, -speicherung und -weiterverarbeitung.

Mittlerweile gibt es bereits unzählige Apps, die den Alltag der Bürger mit wertvollen digitalen Informationen erweitern, z. B., indem die umliegenden Nahverkehrshaltestellen und die Ankunftszeiten der Busse und Bahnen verfügbar gemacht werden. In immer kürzeren Innovationszyklen kommen völlig neuartige smarte Geräte und Apps mit bisher unbekannten Ausprägungen auf den Markt. So werden Geräte mit Sensoren ausgestattet, um z. B. die Bewegungen und Standorte des Nutzers zu erkennen. Über eine gleichzeitige Verbindung mit dem eigenen sozialen Netzwerk (Facebook und/oder lokale digitale Netzwerke) werden diese Informationen allen Freunden und Bekannten über digitale Smart City-Apps-Plattformen sichtbar gemacht.

Aus diesen Überlegungen lässt sich ein Prinzip ableiten: **Die skalierbaren, hochvernetzten digitalen Plattformen mit Ökosystemen bilden das technologische Rückgrat eines digitalen Geschäftsmodells** [SCHMI02] [VELO01]. Innerhalb der schematischen Architektur des Smart City-Ökosystems mit digitaler Apps-Plattform (siehe Abb. 3.2) spielt der kooperative Zusammenschluss zwischen Bürgern, Politik und Wirtschaft eine wesentliche Rolle. Besonders deutlich wird in dem Modell die Basis der Smart City-Informations- und Kommunikationsinfrastruktur, aufbauend auf den physischen Stadt-Infrastrukturen, die als vernetzendes Element auf alle Handlungsfelder einwirkt. Die bedeutenden Smart City-Dienste entstehen innerhalb der digitalen Smart City-Apps-Plattformbereiche. Auf diesen Plattformen werden Smart City-Apps wie Car2go, MyTaxi, Smart Parking, Smart Metering oder „Bettertaxi" entwickelt. Bei „Bettertaxi" können sich beispielsweise die Kunden ein Taxi teilen [SPIE]. Diese Apps werden von kommerziell agierenden Anbietern auf internetbasierten Plattformen wie Apple iTunes, Google Play etc. gegen eine Nutzungsgebühr angeboten. Mittlerweile gibt es unzählige Apps für jeden Lebensbereich eines Bürgers.

Demgegenüber entwickeln sich sogenannte E-Government-Dienste. Hierbei werden die von der Stadt in der Vergangenheit analog bereitgestellten Dienste digitalisiert. Zu diesen Diensten zählen die An- und Abmeldung von Kfz, die online ausgefüllten Steuererklärungen, die Anmeldung des Kindes in der städtischen Kita per Internet etc. Viele neue Apps-basierte Dienste sind auf der Basis von Stadtdaten möglich, die zunehmend der Öffentlichkeit zugänglich gemacht werden. Das Stichwort ist hier „Open Data". Innerhalb der Abb. 3.3 ist der Bereich „Open Area" hervorzuheben. In diesem offenen Bereich können Bürger, Entwickler, Unternehmen und Besucher Apps entwickeln, offene Daten weiterverwenden und experimentieren. In den offenen digitalen-Plattformbereichen stehen dem Bürger Online-

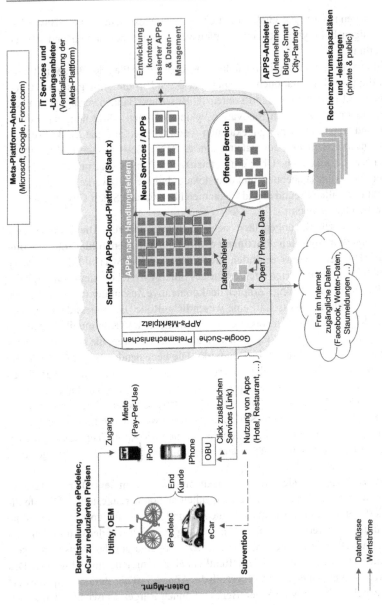

Abb. 3.3 Offener und geschlossener Bereich einer digitalen Smart City-Apps-Plattform mit Ökosystem [JA01]

Tools zur Vernetzung zur Verfügung. Dazu zählen Gmail, Google Docs, Google Hang-Outs, YouTube, Facebook, Dropbox, Twitter oder Flickr, um nur einige zu nennen. Innerhalb des geschlossenen Bereiches werden sicherheitsrelevante E-Government-Services und/oder kommerzielle Apps für die einzelnen Handlungsfelder einer Smart City entwickelt. Die dabei genutzten Daten werden nur einem eingeschränkten Kreis an Smart City-Akteuren zugänglich gemacht. Im öffentlichen digitalen Plattformbereich können alle Akteure einer Smart City eigene Apps entwickeln, testen und einer breiten Öffentlichkeit zur Verfügung stellen. Die hierbei verwendeten Daten stammen aus frei im Internet verfügbaren Daten- und „Open Data"-Quellen. Die digitalen Interaktions- und Entwicklungsplattformen mit Open Areas sind prinzipiell offene digitale IT-Plattformen.

Wenn ich in den digitalen Apps-Plattform-Bereich des Smart City-Apps-Ökosystems in Abb. 3.2 hineinzoome, zeigt sich die schematische Anatomie der digitalen Smart City-Apps-Plattform mit einem offenen und geschlossenen Bereich (siehe Abb. 3.3). Im Rahmen des Kontext-Brokerings (siehe Abb. 3.3) werden die Nutzerdaten gespeichert, verarbeitet und zu neuen kontextbasierten Datenbündeln verknüpft. Insbesondere der Weiterverkauf von Daten, die Bündelung von Daten zu neuen Anwendungsfällen bis hin zu neuartigen Anwendungswelten ist nur über das „**Kontext-Brokering**" möglich. Dabei liegen letztendlich kontextuale Daten vor, die weiter vermarktet werden können. Ein zentraler Punkt dabei ist der Datenschutz und Gewährleistungsrechte, die einer strengen Governance mit genau definierten Kontrollsystemen und unter Wahrung des Rechts auf informationelle Selbstbestimmung unterzogen werden müssen. Über das Kontext-Brokering können beispielsweise Verkehrsflüsse in modernen Städten optimiert werden. Dazu werden die Nutzungszeiten und zurückgelegten Wege miteinander kombiniert. In diesem einfachen Fall lassen sich Verkehrsflüsse aufzeichnen. Neben statischen und personenbezogenen Daten existieren Daten zum Nutzungsverhalten sowie Daten Dritter. Um die Dynamik der Plattform zu steigern, kann der Nutzer auch aktiv an ihr teilhaben. Sie könnte beispielsweise in Form eines sozialen Netzwerks ausgeweitet werden. Diese „Mass Customization" generiert durch aktive Verbesserungsvorschläge seitens der Nutzer, Präzisierung von Angaben oder aber der Erweiterung der Inhalte wiederum ein Mehrfaches an Daten. Diese quasi-öffentlichen Daten dürften dann Relevanz sowohl für lokale Anbieter als auch für weitere Interessenten haben.

Die Entwicklung digitaler Smart City-Apps-Plattformen mit Ökosystemen steht noch am Anfang und vollzieht sich evolutionär. Dabei kommt das im Kap. 2.3 skizzierte (Re-)Kombinationsprinzip zum Tragen. Aus der Kombination unterschiedlicher Apps zu einem bestimmten Thema in einem Smart City-Handlungsfeld (Smart Economy, Smart People, Smart Governance, Smart Mobility, Smart Environment,

Smart Living) entstehen App-Anwendungsfälle. Die (Re-)Kombination aus den Apps-Anwendungsfällen und dem Ökosystem aus externen Akteuren einer Smart City einschließlich der Sensordaten bilden ganze Apps-Anwendungswelten. Somit baut eine App auf der anderen App auf, ohne sich in diesem Prozess zu verbrauchen. So verwenden die Apps gemeinsame Datenbestände und erweitern (rekombinieren) diese durch eigene Aktivitäten. So skizziert, vollzieht sich der **evolutionäre Prozess** über die Entwicklung von **singulären Apps** auf geschlossenen und offenen digitalen IT-Plattformen für eine spezielle Nutzergruppe. Beispielsweise wird das Blutdruckmessen per Mobile App angeboten, bei der die Blutdruckdaten des Patienten gemessen, archiviert und ausgewertet werden. Im nächsten Evolutionsschritt werden Apps zu konkreten **Anwendungsfällen** gebündelt. In unserem Beispiel könnten die Blutdruckmessergebnisse mit den Pulsdaten, Temperaturdaten und Insulinwerten, die ebenso das Smartphone erfasst, kombiniert werden. Diese Kombination unterschiedlicher Daten ist für Patienten mit einer Zuckererkrankung sinnvoll, um die Zufuhr von Insulin bedarfsgerecht steuern zu können [JA01]. In der nächsten Entwicklungsstufe entstehen **komplexe Anwendungswelten**: Gebündelte Anwendungsfälle und Stand-alone-Applikationen werden zu komplexen Anwendungswelten zusammengeführt. In dem skizzierten Beispiel entstehen Gesundheitsplattformen, auf denen zahlreiche Gesundheits- und Fitnessanbieter ihre Anwendungen miteinander verknüpfen und die vielfältigen Prozesse zwischen allen beteiligten Gesundheitspartnern optimieren. Zu diesen Prozessen zählen Terminvereinbarungen, Patientenaufnahme, elektronische Medikationsanweisungen, Präventivmaßnahmen, Überweisungen und Abrechnungen mit den Krankenkassen. Aus der Abb. 3.3 wird auch deutlich, dass sich eine intelligente Kombination aus Hardware-basierten Komponenten (eCar, ePedelec, Smart Grid etc.) mit Daten-Management-Modellen (auf der Basis von digitalen Apps-Plattformen) bei Stadtentwicklungsprojekten abzeichnet. Dies könnte zu einer Steigerung der Lebensqualität der Bürgerinnen und Bürger in modernen Städten führen.

3.2 Das innere Triebwerk digitaler Geschäftsmodelle – vernetzte Algorithmen

Das gesamte Buch durchzieht einen Wirkmechanismus für die Realisierung digitaler (Smart City)-Geschäftsmodelle. Es gibt etwas, was die Idee der Smart City antreibt. Es ist die Vernetzung von Netzen. Die viel zitierte digitale Technologie bildet dazu den notwendigen Katalysator. Es geht um das „Internet der Dinge und Services". In diesem Internet der Dinge und Services interagieren die unterschiedlichsten Akteure einer Smart City in den unterschiedlichsten Handlungsfeldern.

Bei diesen Interaktionen werden vielfältige Daten und Inhalte über die verfügbaren Netze miteinander ausgetauscht. Damit wird das (lokale) Netzwerk quasi zum „Gehirn" einer Smart City. Es ist ein kollektives Gehirn mit dezentralen Vernetzungskomponenten und zunehmend selbstlernenden Interaktionsmechanismen. Die zunehmende Vernetzung in der Digitalmoderne ist Wesen und Triebwerk digitaler Geschäftsmodelle zugleich. Mit der Vernetzung geht das Daten-Management als „Kontext-Brokering" mit vernetzten Algorithmen im Smart City Kontext einher (siehe oben Kap. 3.1). Beides ist im Kern mit dem Schlagwort „Big Data-Management" zu beschreiben.

Im folgenden Absatz beleuchte ich kurz die schematische Anatomie des „Big Data-Managements". Als Ausgangspunkt für einen Definitionsversuch dient der Begriff „Big Data", der Datenmengen bezeichnet, die zu groß und/oder zu komplex sind oder sich zu schnell ändern, um sie mit etablierten Methoden der Datenverarbeitung zu sammeln und auszuwerten. Ergänzend wird mit Big Data der Komplex der Technologien beschrieben, die zum Sammeln und Auswerten der Datenmengen verwendet werden [WIKI07]. Die gesammelten Daten stammen aus nahezu allen verfügbaren Datenquellen, in strukturierter und unstrukturierter Form. Damit unstrukturierte Daten (E-Mail- und Messaging-Systeme, PDFs, Office-, Audio- und Video-Dateien) ausgewertet werden können, müssen diese erst aufbereitet werden, um interpretiert, verglichen oder analysiert werden zu können. Die Daten (in strukturierter und unstrukturierter Form) werden über das Internet miteinander vernetzt und verteilt. Es geht aber beim Big Data-Management weniger um große Datensätze als vielmehr um die Fähigkeit, Daten zu analysieren, zu aggregieren und Querverbindungen herstellen zu können [GEISE].

Markus Morgenroth konkretisiert in seinem Buch den Komplex Big Data über vier Begriffe: 1. **Volume** (explodierende Datenmenge), 2. **Velocity** (Geschwindigkeit, mit der neue Daten entstehen), 3. **Variety** (Vielfältigkeit der Daten) und 4. **Veracity** (Sinnhaftigkeit, Vertrauenswürdigkeit und Qualität der Daten und daraus resultierender Ergebnisse). Für den Begriff „Veracity" sind bis dato keine belastbaren Lösungsansätze gefunden [MORGEN]. Diese Begriffsdefinition wird von anderen Autoren erweitert. Beispielsweise definieren Danah Boyd und Kate Crawford Big Data als kulturelles, technologisches und wissenschaftliches Phänomen, das auf dem Zusammenspiel von drei Faktoren beruht: 1. Über der Maximierung von Rechenleistung und der Präzisierung der Algorithmen steht eine Technologie zur Verfügung, um große Datenmengen zu sammeln, analysieren, miteinander zu verbinden und zu vergleichen. 2. Bei der Datenanalyse werden große Datensätze zur Musterkennung herangezogen. Über diese Muster können dann Aussagen über wissenschaftliche, soziale oder technologische Sachverhalte getroffen werden. 3. Mit Big Data geht eine Vorstellung („Mythologie") einher, dass uns große Datensätze Zugang zu einer höheren Form der Intelligenz verschaffen, die zu neuen Einsichten führt, die auf Wahrheit, Genauigkeit und Objektivität basieren [GEISE]. Mit diesen Überlegungen haben wir uns dem Komplex Big Data-Management genähert. In der Abb. 3.4 werden diese Überlegungen erweitert und die schematische Anatomie des Big Data-Managements skizziert.

Aus der Abb. 3.4 wird deutlich, wie groß das Spektrum der Art der Daten ist. Neben den bisher aufgezählten Datenarten zählen auch dazu: Verbindungsdaten, Zugriffsstatistiken auf Webseiten, Logistikdaten über RFID-Sensoren, Verbrauchsdaten (Energieversorger, Stadtwerke etc.), Überweisungsdaten (Banken), Verschreibungsdaten (Gesundheitswirtschaft), Simulationsdaten (Unternehmen) sowie wissenschaftliche Daten. Bei diesen aufkommenden Daten kommt es für das Big Data-Management im Kern nicht so sehr auf Big Data an, sondern auf Smart Data. Das Mantra des Daten-Managements lautet: „Data finds Data" [SIMA].

Das innere Triebwerk digitaler Geschäftsmodelle sind *vernetzte* Algorithmen (vernetzte Big Data-Algorithmen), wie sie uns bereits weiter oben in Form des Kontext-Brokerings oder Kontext Daten-Managements begegnet sind. Diese vernetzten Algorithmen weisen nach Hoffmeister [HM] vier grundlegenden Designs auf:

a. zentraler Software-Algorithmus, beziehungsweise Software-Agenten (Googles Suchalgorithmus)
b. vernetzte digitale Software-Agenten-Modelle (um den zentralen Software-Algorithmus werden weitere Software-Algorithmen integriert. Google erweiterte den zentralen Suchalgorithmus um AdSense, AdWords, Google Analytics etc.)

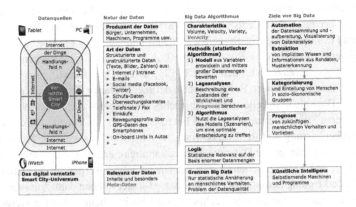

Abb. 3.4 Die schematische Big Data-Management-Anatomie (erweitert nach [HOF] [MORGEN] [WIKI07])

c. Digital-Hub-Modelle (Beispiel Apple mit Hardware als Hub und den digitalen AppStores)

d. Agentenoptimierte Geschäftsmodelle (Umsetzung von Partialmodellen durch Software-Agenten, die bekannte Modelle verbessern. Das Gesamtleistungsangebot bleibt bestehen. Diese Unternehmen sind nicht so stark von der digitalen Transformation betroffen, da die Kernleistung nicht digitalisierbar ist. Beispiel: dynamische Preis- und Buchungssysteme in der Luftfahrtbranche – Kernleistung „Flüge" sind nicht digitalisierbar.)

Prinzipiell gilt, dass sich digitale Geschäftsmodelle erst aus der Vernetzung mehrerer Big Data-Algorithmen herausbilden. Ein zentraler Software-Algorithmus reicht nicht aus [HM]. In unserem praktischen Smart City-Kontext werden alle Grunddesigns in unterschiedlichen Ausprägungen digitale Smart City-Geschäftsmodelle prägen.

Der Big Data-Mechanik und damit den statistischen Algorithmen sind inhärente Grenzen gesetzt. Es werden Modelle für die Abbildung der Realität herangezogen, die notwendigerweise die Realität vereinfachen [HOLLER]. Allerdings muss gesagt werden, dass diese Unschärfe der Modelle durch die riesigen Datenmengen für Ausschnitte der Realität kleiner wird. Allerdings besteht auch die Gefahr, dass der Big Data-Algorithmus als Black Box betrachtet wird. Besonders hervorheben möchte ich noch das Problem der Datenqualität – die sogenannte „Veracity". Es schleichen sich in jede Datenanalyse fehlerhafte, unvollständige und fehlinterpretierte Daten. Deshalb können die Ergebnisse nur Annäherungen an Zustände zulassen, ohne absolut korrekt zu sein [MORGEN] [WIKI07]. Das bedeutet für das Design digitaler Geschäftsmodelle, dass wir die Grenzen des Big Data-Managements im Hinterkopf behalten müssen und diese offenlegen. Aber wir sollten und müssen geradezu im Gegenzug anfangen, Daten als Material mit einer Vielzahl von Eigenschaften zu begreifen, „als Material, aus dem Modelle unterschiedlicher möglicher Zukünfte gebaut werden können [GEISE]."

Nachfolgend beleuchte ich die Wertschöpfungsdynamik digitaler Geschäftsmodelle am praktischen Beispiel der digitalen Smart City-Apps-Plattform mit einem Ökosystem.

3.3   Die Wertschöpfungsdynamik digitaler Geschäftsmodelle

Bei der Planung, Finanzierung und Umsetzung einer Smart City-Initiative kommt es angesichts der Größenordnung immer zu einem Verbund von Städten, Wirtschaft, Wissenschaft und Bürgern. Außerdem gehen bei der Finanzierung von

Smart City-Initiativen mehrere Akteure, nicht notwendigerweise die Stadt selbst, in Vorleistung. Über ausgeklügelte Refinanzierungsmodelle werden die notwendigen Vorleistungen (beispielsweise die Anschubfinanzierung der digitalen Plattform inklusive Cloud Computing-Rechenzentrumsaufbau und -betrieb) mehr als rekompensiert. Zu den Refinanzierungsquellen zählen Rental-Modelle (eBike, Car2go etc.), Wertschöpfung durch Apps, Apps-Verkäufe und Apps-Clicks, Werbeeinnahmen, Abonnement-Modelle und der Weiterverkauf von Daten und Datenpaketen. Bei diesen Refinanzierungsmodellen werden Daten zu Handelsobjekten. Neben reinen Daten-Managementmodellen (Big Data) können sinnvolle Kombinationen aus Hardware-basierten Infrastrukturleistungen und Daten-Management-Services realisiert werden.

Zu den zentralen Treibern der Geschäftsmodelle zählen beispielsweise ePedelecs oder eCars in Verbindung mit Smartphones, Tablet-PCs oder On-board Units in eCars. Es lässt sich zwischen dem Kauf oder den sogenannten Miet-Modellen moderner eVehikel wie eCars etc. differenzieren. In den Städten werden Miet-Modelle überwiegen, die sich zunehmend etablieren. Die weitere Etablierung dieser Mobilitätsvehikel führt zu einem erhöhten Bedarf an Infrastrukturkomponenten wie Ladesäulen, Smart-Grid-Komponenten, ausgebauten Radinfrastrukturen und intermodalen Mobilitätssystemen, die beispielsweise einen Wechsel von der Bahn zum ePedelec ohne Schnittstellenbruch zulassen. In dem skizzierten ePedelec-Szenario bilden die starke Verbreitung von ePedelecs in modernen Städten entweder in Form von Rental-Modellen oder als subventioniertes Kaufobjekt zu niedrigen Kaufpreisen (ähnlich dem Modell in der Telekommunikationsindustrie mit subventionierten Mobiltelefonen) die entscheidenden Treiber. Die Refinanzierung kann durch die sogenannte Klick-Rate-Refinanzierung erfolgen. Durch die Nutzung weiterer Apps wie Hotels, Restaurants, Museumsführer, Events etc. fließen dem ePedelec-Anbieter weitere Umsätze zu. So kann die Subventionierung des Kaufpreises für ePedelecs im Zeitablauf überkompensiert werden.

Des Weiteren können die Stadt oder kommerzielle Anbieter auf der Smart City-IT-Plattform Werbeflächen zur Verfügung stellen und die Google-Suche integrieren. Bei jedem Klick der Nutzer auf Werbung, Apps etc. verdienen die Stadt und/oder kommerzielle Anbieter mit. Die schematischen Elemente digitaler Geschäftsmodelle (siehe Kap. 3) innerhalb des digitalen Smart City-Geschäftsmodells mit Ökosystem lassen sich am Beispiel des ePedelec-Szenarios wie in der Abb. 3.5 illustrieren. Eine ausführliche Darstellung digitaler Smart City-Apps-Plattformszenarien findet sich in [JA01].

Alle Akteure dieser Smart City-Geschäftsmodelle verfügen über dezidierte Erlösquellen. Diese umfassen direkte Einnahmequellen aus der Nutzung der ePedelecs als auch indirekte Erlöse aus der Weiterverwertung von Datensätzen über Google Search oder Klicks auf Apps. Hinzu kommen Umsatzanteile von Appli-

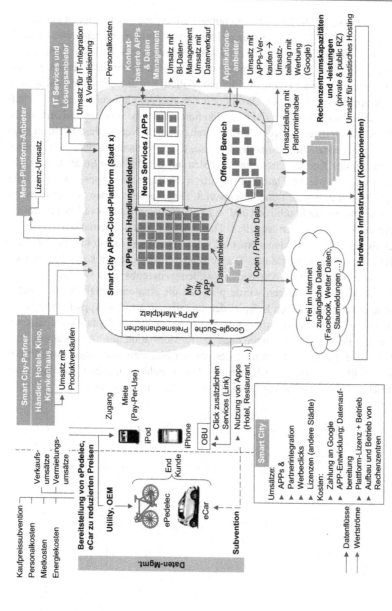

Abb. 3.5 Die schematische Anatomie des digitalen Smart City-Geschäftsmodells. Erweitert nach [JA01].

kationspartnern, die die IT-Plattform nutzen, um eigene Applikationen gegen eine Gebühr anzubieten. Es kommt hier zu Umsatzaufteilungen zwischen der Stadt als Plattform-Betreiber und externen Applikationsentwicklern [HELM]. Zudem können die Smart City-Apps-Plattformen an andere Städte lizensiert werden. Die interessierten Städte leasen dann die digitale IT-Plattform und entwickeln diese nach ihren Ansprüchen ggf. weiter. Das digitale Geschäftsmodell der Smart City-Plattform basiert darauf, kommerzielle Applikationen für City Services und öffentliche Applikationen teilweise gegen Gebühr bereitzustellen. Neben diesen Erlösquellen kommt eine zusätzliche Komponente hinzu, das so genannte Kontext-Brokering. Im Rahmen des Kontext-Brokerings werden auf der digitalen Smart City-Apps-Plattform umfangreiche Daten über Nutzer, Nutzung von Apps, Devices oder Google Search gesammelt und ausgewertet. Diese Daten werden bei der Auswertung neu miteinander kombiniert und so zu neuen Datenbündeln verknüpft. Daraus erwachsen völlig neue Erlösquellen. Diese neuen Datenkombinationen sind das Ergebnis des „Big Data-Managements" – der Verwertung und kontextuellen Neukombination von Nutzungsdaten. Die einzelnen Nutzungsdaten können dann weiter verkauft oder zu neuen Anwendungswelten weiterentwickelt werden.

Mit diesen Ausführungen wurde plastisch die Anatomie digitaler Geschäftsmodelle praxisorientiert am Beispiel der digitalen Smart City-Apps-Plattform mit einem Ökosystem herausgearbeitet. In Kap. 4 beleuchte ich digitale Geschäftsmodelle in der Praxis. Es werden die digitale Transformation des Verlagshauses Axel Springer und das Geschäftsmodell des nativen digitalen Internetgiganten Google dargestellt. Abschließend leite ich aus den bis dahin gemachten Ausführungen grundsätzliche Design-Prinzipien digitaler Geschäftsmodelle ab.

Digitale Geschäftsmodelle in Action 4

„Everybody has a plan, until they get punched in the face"
(Mike Tyson)

Das vielen Lesern bekannte Unternehmen Amazon agiert als Hybrid zwischen Unternehmen mit nativ digitalem Geschäftsmodell und digital transformierten Unternehmen – die Antipoden in der Digitalmoderne. Betrachten wir kurz das von Gründer Jeff Bezos konsequent ausdifferenzierte semi-digitale Geschäftsmodell von Amazon.

Das semi-digitale Geschäftsmodell basiert auf drei wesentlichen Säulen, die in Kap. 1 und Kap. 3.1 als Bestandteile digitaler Geschäftsmodelle charakterisiert wurden: (digitale) Inhalte, Kundenerlebnis und digitale Plattform.

(Digitale) Inhalte Den Ursprung nahm Amazon als eCommerce-Versandhaus. Dazu hat Amazon Bücher digital katalogisiert, über eine Webseite weltweit einsehbar gemacht und die Bücher ausgeliefert. Das Angebot wurde sukzessive um Textilprodukte, Unterhaltungselektronik, Kosmetikprodukte etc. ausgeweitet. Die Digitalisierung des Geschäftsmodells wurde durch eine Erweiterung des „Contents" vorangetrieben, indem digitalisierte Musik, Filme, Software etc. angeboten wurden. Amazon hat in der Folge nicht nur die Geschäftsmodelle klassischer Buchhändler und des stationären Warenhandels massiv unter Druck gesetzt, sondern auch das eigene Geschäftsmodell. Denn die Angebotspalette wurde um Drittanbieter erweitert, die ihre Produkte auf der Amazon-Plattform unter Nutzung der digitalisierten Katalogdaten anbieten können. Das geht soweit, dass Amazon die gesamte Wertschöpfungskette der Drittanbieter abdeckt und für die Drittanbieter virtualisiert: Lagerung der Ware im Amazon-Lager, Bestellvorgang, Auslieferung, Bezahlvorgang, Rechnungserstellung etc. Damit ging Jeff Bezos ein großes Risiko ein, da die Angebote (neue oder gebrauchte Artikel) von Drittanbietern billiger als

© Springer Fachmedien Wiesbaden 2015
M. Jaekel, *Die Anatomie digitaler Geschäftsmodelle, essentials,*
DOI 10.1007/978-3-658-12281-2_4

amazon

Abb. 4.1 Amazon Firmenlogo – von a bis z [AMAZON]

die von Amazon neu angebotenen Artikel sein können bzw. sind. Der Anspruch von Bezos, und damit von Amazon, drückt sich deutlich im Firmenlogo aus (siehe Abb. 4.1). Der Internetkonzern beabsichtigt „Alles von A bis Z" liefern zu wollen. Diesen Anspruch finden wir bei dem Internet Suchmaschinenkonzern Google in der neuen Konstellation als ALPHABET auch wieder (siehe Kap. 4.2).

Kundenerlebnis Dieser Aspekt beschreibt, ein Kunde von Amazon zu sein, unabhängig davon ob ein digitales oder physisches Produkt gekauft wird. Der Gründer Jeff Bezos hat das Unternehmen konsequent auf den Kunden ausgerichtet – der Kunde bzw. das Kundenerlebnis bilden das Kernstück des Amazon-Geschäftsmodells. Das Kundenerlebnis von Amazon umfasst die Webseite und die digitalisierten Kundenprozesse wie Einkaufwagen, Bezahlmöglichkeiten, Lieferverfolgungen, E-Mail-Auftragsbestätigungen, etc. Prominentes Element sind die Kundenbewertungen zu den angebotenen Produkten. Hinzu kommt eine ausgefeilte Suchmöglichkeit im gesamten digitalen Amazon Produktkatalog und in der Bestellhistorie. Weiter hinzu kommen kundenspezifische Angebote wie „Empfehlungen für Sie", generiert über vernetzte Daten-Algorithmen.

Die **digitale Amazon-Plattform** umfasst digitalisierte Prozesse, Daten, (digitale) Infrastrukturen und Cloud Computing-Dienste (beispielsweise Amazon Web Services (AWS)). Über die Plattform werden physische und digitale Produkte verwaltet und ausgeliefert. Die interne Amazon-Plattform beinhaltet sämtliche Kundendaten und alle Prozesse die im Hintergrund laufen wie: Kundenanalysen (Analytics), Personalwesen, Finanzwesen etc. Weiter wird über die Plattform externen Anbietern auch ein Zugriff auf interne Amazon-Dienste und Daten wie Produktdaten, Metainformationen, Bewertungen, Empfehlungen ermöglicht. Die Datennutzung ist aber reglementiert. So ist das dauerhafte Abspeichern von Daten in einer Datenbank untersagt. Die Öffnung der digitalen Amazon-Plattformen für Drittanbieter über Programmierschnittstellen (APIs) findet sich ebenso bei Facebook, eBay oder Google. Auch die Endkunden können über die Amazon-Webseite auf externe digitale Plattformen von Zustelldienstleistern wie DHL oder Hermes (zur Statusabfrage der Auslieferung etc.) via Smartphones, Tablets und PCs zugreifen. Die externen digitalen Plattformen sind mit den internen digitalen Amazon-Plattformen hochvernetzt [AMAZON] [WEILL] [GASS01]. Damit nicht genug. Das Unternehmen Amazon hat große Cloud Computing-basierte Rechenzentren weltweit aufgebaut, um die eigenen Daten speichern und verarbeiten zu können.

Die Services der mit kostengünstigen Hardware-Komponenten aufgebauten Rechenzentren werden Unternehmenskunden über das digitale Angebot Amazon Elastic Compute Cloud (EC2) angeboten. Für Endkunden bietet Amazon Cloud Drive an, um digitale Inhalte in der Cloud abzuspeichern. So bietet der digitale Service Cloud Drive kostenlose Apps für Mobilgeräte und den sicheren Zugriff von jedem Computer aus, um von dort aus jederzeit und überall auf die digitalen Inhalte zugreifen zu können.

Der Kernmechanismus des semi-digitalen Geschäftsmodells ergibt sich aus der Abb. 4.2. Das Grundprinzip von Amazon seit Bestehen des Unternehmens basiert auf schnellem **Wachstum** und stetem **Fokus auf den Kunden**. Die Wachstumsorientierung zielt darauf ab, das Amazon-Geschäftsmodell so schnell wie möglich zu skalieren, um Marktanteile zu gewinnen. Der zu erzielende Gewinn wurde hintangestellt. Über niedrigere Preise sollte und wurde das Wachstum des Unternehmens vorangetrieben, ohne in den ersten Jahren einen Gewinn auszuweisen. Das Wachstumsmodell (vom Gründer Jeff Bezos auf einer Serviette skizziert – Amazon's Growth Flywheel) [STONE]) bildet das innere Modell in der Abb. 4.2. Das Wachstumsmodell stellt nur vordergründig ein „closed-loop"-Modell ohne Profitgenerierung dar, Jeff Bezos hat den Profit schon beim Wachstum mitberücksichtigt.

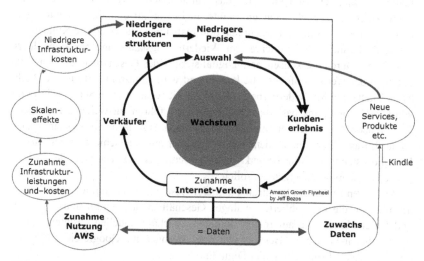

(AWS – Amazon Web Services)

Abb. 4.2 Der Kernmechanismus des semi-digitalen Geschäftsmodells von Amazon. Erweitert nach [AMAZON][STONE]

Es gilt aber das Primat des schnellen Wachstums, um Marktanteile zu gewinnen, die zu einer Monopolstellung führen sollen. Die Digitalisierung des Amazon-Geschäftsmodells erfolgte mit der rasanten Zunahme des „traffics" (Zugriff auf die Amazon-Website und Nutzung der Services und Produkte durch Kunden) auf der Amazon-Website, die in Big Data-Algorithmen mündeten. Es dominieren bei Amazon die Algorithmen-Grunddesigns c) Digital Hub-Modell und darauf aufbauend b) vernetzte digitale Software-Agenten-Modelle (siehe Kap. 3.2). Mit der weiteren Expansion von Amazon in andere Geschäftsbereiche werden alle Grunddesigns vernetzter Algorithmen zum Tragen kommen. Dies führt zu neuen Services (wie Amazon Instant Video etc.) als auch zur Beschleunigung der Wachstumsmaschine (siehe äußere Schleifen der Abb. 4.2). Zudem entwickelte Amazon den eReader „Kindle" und vermarket diesen zu einem relativ niedrigen Preis (gegensätzliches Modell zur Strategie von Apple.Inc). Der eReader hat sich relativ rasch in großer Breite durchgesetzt. Die Kunden können über Amazon digitale Bücher, digitale Zeitschriften und Zeitungen einfach auf den eReader Kindle herunterladen. Zudem können Kunden mit dem Kindle im weiteren Angebot von Amazon stöbern und über das Display die Einkäufe bestellen.

Es gelang Jeff Bezos im ersten Schritt die Wertschöpfungskette im klassischen Buchhandelsgeschäft disruptiv zu verändern. Verkürzt ausgedrückt, hat Amazon die Einkaufsmacht der Verlage drastisch reduziert. Über „Crowd-sourced"-Empfehlungen und Bewertungen wurde das Kundenerlebnis verstärkt, das der klassische Buchhandel nicht anbieten konnte. In Bezug auf digitale Produkte konnte Amazon eine deutliche Kostenreduktion realisieren, die er an die Kunden mit Preisreduzierungen weiterreichte, um Wiederholungskäufe und Marktanteile zu generieren. Durch die konsequente Digitalisierung des Geschäftsmodells und damit auch der Wertschöpfungskette konnte und wird Amazon nicht nur die Buchhandelskette durcheinanderwirbeln. Vor allem die Amazon Web Services in Form von Cloud Computing basierten Online-Diensten führen zur weiteren Expansion von Amazon. So entsteht ein globales hochvernetztes Amazon Ökosystem mit digitaler Infrastruktur, ähnlich dem von Apple, aber mit unterschiedlicher Strategie. Die Ökosysteme von Amazon und Apple sind semi-geschlossene Modelle, die eine starke Kundenbindung erzeugen sollen.

An beiden Enden des Spektrums digitaler Geschäftsmodelle finden sich Unternehmungen, die ihr etabliertes analoges Geschäftsmodell digital transformieren und Unternehmen, die auf reinen digitalen Geschäftsmodellen basieren. Nachfolgend beleuchte ich am Beispiel von Axel Springer und Google die Antipoden digitaler Geschäftsmodelle in der Digitalmoderne.

4.1 Axel Springer und der digitale Medientanz

Die Etablierung nativ digitaler Geschäftsmodelle differenziert sich fundamental von der Transformation eines bestehenden, nicht digitalen Geschäftsmodells. Insbesondere die Zeitungsindustrie wurde von der digitalen Revolution mit voller Wucht erwischt. Dabei erwies sich der Versuch mit den bestehenden Ressourcen, Prozessen, Unternehmenskulturen und Produkten die digitale Transformation vollziehen zu können oder schlimmer, sich gegen den digitalen Transformationsdruck stemmen zu können als fataler Irrtum in der Branche.

Die Umsetzung eines digitalen Geschäftsmodells ähnelt prinzipiell der Gründung eines Start-up-Unternehmens. Deshalb werden Unternehmen mit etabliertem Geschäftsmodell, gefangen in einem Branchenautomatismus, vor besondere Transformationsherausforderungen gestellt. So geriet das etablierte Geschäftsmodell von Axel Springer Ende des 20. Jahrhunderts stark unter Druck.

Drei Faktoren waren und sind weiterhin von besonderer Bedeutung: das **Aufkommen bedeutsamer technologischer Neuerungen** (Verbreitung des PC, Smartphones, Tablets, (Mobiles) Internet etc.); die **Veränderung der Konsumentenpräferenzen** (Konsumenten wollen zunehmend nur „Schlagzeilen" und komprimierten Text mit Kernaussagen lesen; Benutzer verlangen nach interaktiven digitalen Werkzeugen, um Online-Inhalte modifizieren oder personalisieren zu können; durch die sozialen Medien Facebook, Twitter, Linkedin wurden Nachrichten zu einer Community-Erfahrung – Leser können die Artikel kommentieren und in der Community diskutieren; Konsumenten wurden zu Produzenten (Prosumer) im Prozess – Produktion und Distribution – von Online-Nachrichten); die **Änderung des Nachrichtenkonsums** (freier Zugang zu Nachrichten über Online-Portale) [DOC]. Damit geht die Fiktion von der Gratis-Kultur journalistischer Verlagsangebote im Internet einher. Einen weiteren Aspekt bilden sogenannte „Content-Aggregatoren" wie beispielsweise die Huffington Post, YouTube (Verwendung von Clips) oder Google, die selbst keine redaktionellen Inhalte erzeugen müssen, sondern diese aus anderen Quellen aggregieren und so zu Distributoren digitaler Inhalte mit zugehörigen digitalen Infrastrukturen werden. Alle Faktoren zusammen genommen kulminierten in einem strategischen Wendepunkt für Axel Springer.

Vor der digitalen Revolution operierte Axel Springer mit demselben Geschäftsmodell wie fast alle anderen Zeitungsverlage. Der Zeitungsverlag produzierte die redaktionellen Inhalte, sorgte für Auflagenreichweite und monetarisierte die Inhalte durch den Verkauf von Print-Medien, Werbung (Werbeanzeigen) und Kleinanzeigen. Zudem kontrollierten die Zeitungsverlage in diesem Modell auch die Distributionskanäle. Dies änderte sich mit der digitalen Revolution. Es entwickelte sich eine Internet-Umgebung mit frei zugänglichen Inhalten und dem stand das Lager der Produzenten von redaktionellen Inhalten gegenüber, die für ihre Produkte und Services bezahlt werden wollten. Zahlreiche Verlage antworteten auf diesen digitalen Wandel mit Restrukturierungsprogrammen, Partnerschaften mit anderen Verlagen, reduzierten Auflagen etc. Ein geeignetes Betätigungsfeld für Beratungsunternehmen und die Anwendung klassischer effizienzorientierter Management-Werkzeuge entstand. Dies konnte aber nicht erfolgversprechend sein. Es fällt mir sofort das Bild der zentralen Romanfigur im Don Quijote von Miguel de Cervantes ein.

Mit der Ernennung von **Matthias Döpfner** im Jahre 2002 als CEO von Axel Springer wurde eine völlig neue Strategie entwickelt. Das Motto des Unternehmensgründers Axel Springer formuliert im Jahre 1978: „Ich werde nicht aufhören, den Anspruch der Verleger auf Teilhabe an den bisherigen elektronischen Medien und noch mehr an allen neuen, auf uns zukommenden Informationssystemen zu vertreten" [DÖPF] machte sich Matthias Döpfner zu eigen. Das Mantra von Döpfner liest sich wie folgt: „Axel Springer will der führende digitale Verlag werden" [AXSP]. In einem Vorwort der Verlags-Sonderausgabe „Axel Springer – Journalist, Unternehmer, Freiheitskämpfer" aus dem Jahre 2012 bringt es Döpfner auf den Punkt, wenn er schreibt: „Die Innovations- und Technologiebegeisterung Axel Springers hat uns auch zur frühen und entschlossenen Digitalisierung unseres Geschäfts ermuntert – gegen Trägheit, Skepsis und Widerstände" [DÖPF]. Hier lässt sich eine Parallele zu den Google-Gründern ziehen. Bei der Umorganisation von Google zu einer Holding mit Namen „ALPHABET" (siehe Kap. 4.2) schreiben die Gründer auf der Homepage: „Wir glauben seit Langem, dass Firmen auf Dauer dazu tendieren, bequem zu werden, immer dasselbe zu tun, und nur noch kleine Änderungen zu wagen. Aber in der Technologie-Industrie, wo revolutionäre Ideen die künftigen großen Wachstumschancen treiben, muss man es sich ein wenig unbequem machen, um relevant zu bleiben" [ALPHABET].

Mit welcher **Strategie** versucht(e) Döpfner die digitale Transformation des Axel Springer-Verlages erfolgreich zu realisieren? Die Strategie teilt sich in zwei Phasen auf. In der ersten Phase bis zum Jahre 2012 fokussierte sich das Unternehmen auf organisches Wachstum und Akquisitionen digitaler Marken (Online-Marken). In dieser Phase wurde auf die Profitabilität und die Verankerung der „Digitalisierung" in der Unternehmenskultur besonderer Wert gelegt. So wurden bestehende Printmarken und Inhalte in digitale Vertriebswege übertragen und Online-Marken erworben. Zudem hat Axel Springer konsequent analoge Printmedien verkauft wie das Hamburger Abendblatt und die Berliner Morgenpost an die Funke Mediengruppe und HÖRZU. Axel Springer erzielte 920 Mio.

Euro durch den Verkauf. Den Verkaufserlös investierte Döpfner in die Weiterentwicklung der digitalen Transformation und besonders auch in die digitale Weiterentwicklung der beiden wichtigsten Publikationen, Bild und Die Welt [DPA]. In der zweiten Phase ab dem Jahr 2013 wird unter der Direktive, der führende digitale Verlag zu werden, mit folgenden Ansätzen operiert: Bezahlangebote, Vermarktungsangebote, und Rubrikenangebote (Kleinanzeigen) mit dem Geschäftsmodellnukleus „Journalismus". Es wurde die Online-Vermarktung konsequent weiter ausgebaut. Zudem werden im Online-Rubrikenmarkt und bei den Marktplätzen eigene Portale und Beteiligungen erweitert [AXSP]. Der große Beteiligungsversuch (Merger) an ProSiebenSat1 oder die Übernahme der renommierten Wirtschaftszeitung „Financial Times" scheiterten allerdings [MANCE]. Aus der Axel Springer-Kernstrategie ab 2013 lässt sich unmittelbar die schematische Anatomie des digitalen Geschäftsmodells ableiten (siehe Abb. 4.3).

Der Axel Springer-Verlag vollzieht die **digitale Transformation über vier Hebel**: 1. Transformation der verlagseigenen Medienmarken (Digitalisierung von Inhalten) 2. Digitale Neuentwicklungen 3. Strategische Akquisitionen in den Bereichen Bezahl-, Rubriken- und Vermarktungsangebote 4. Vernetzung mit impulsgebenden Start-up-Unternehmen als Plattform für neue Ideen, Innovationen, Erfahrungsaustausch [SPRI]. Die wesentlichen **Erlösmodelle** des digitalen Geschäftsmodells erstrecken sich auf: 1. Bezahlangebote, überwiegend refinanziert durch Leser 2. Vermarktungsangebote – Erlöse durch überwiegend Werbekunden 3. Rubrikenangebote – Erlöse durch Kleinanzeigen [SPRI].

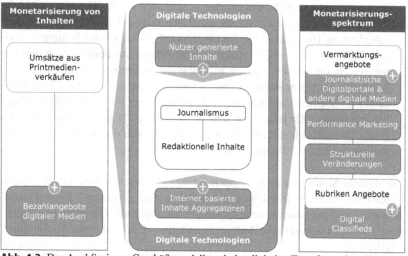

Abb. 4.3 Das Axel Springer-Geschäftsmodell nach der digitalen Transformation. Erweitert nach [AXSP] [SPRI]

Für die digitale Transformation von Axel Springer waren und sind folgende **Erfolgsfaktoren** von entscheidender Bedeutung:

- Etablierung einer kreativen Unternehmenskultur, in der unterschiedlichste und unternehmerische Persönlichkeiten einen produktiven Raum finden.
- Keine Angst vor der Selbstkannibaliserung von Printmedien zugunsten digitaler Inhalte.
- Aktive Vermeidung von „Silo-Denken und -Handeln" (Inhalte, Marken Dienste etc. – alle Bereiche des Unternehmens wurden so organisiert, dass alle Manager Multimedia-Verantwortungen haben).
- Top-Management-Unterstützung (Matthias Döpfner ernannte Kai Diekmann, den Chefredakteur des Printmediums Bild zum Chef der Online- und Offline-Distributionskanäle. Die Änderung der Unternehmensführung und -kultur erfolgte direkt durch das Top-Management).
- Daten sind das neue Papier. Daten bilden das verbindende Element von digitalen Bezahlangeboten, digitalen Vermarkungsangeboten und digitalen Rubrikenangeboten [DOC].
- Die Verankerung des **Journalismus als Kernbaustein des digitalisierten Geschäftsmodells.** In einem Essay im Jahre 2006 hat Matthias Döpfner sein Bekenntnis zum Journalismus bereits klar zum Ausdruck gebracht: „Die Zeitung muss sich auf sich selbst, auf ihre Stärken besinnen, und das heißt: als Horizont-Medium Wünsche und Interessen schaffen und befriedigen, von denen der Leser noch gar nicht wusste, dass er sie haben könnte. Das war und bleibt ihre Zukunft, ganz gleich, ob sie auf Papier oder auf elektronischem Papier daherkommt. Denn davon bin ich überzeugt: Die Zukunft der Zeitung ist digital". Weiter heißt es: „Wir Verlagsmanager müssen uns deshalb noch bewusster werden, dass unser Geschäft nicht das Bedrucken von Papier ist, sondern Journalismus. Journalismus im Internet und Zeitungsjournalismus. Und beide folgen unterschiedlichen Gesetzen. Denn von einem bin ich überzeugt: Wenn jede Information für jedermann jederzeit überall verfügbar ist, dann wächst das Bedürfnis nach Orientierung, Auswahl oder dem, was den guten Zeitungsjournalisten ausmacht: Führung." [DÖPF03].

Die digitale Strategie von Axel Springer ist der Gegenentwurf zur bisherigen Unternehmensstruktur und Unternehmenskultur. Den „analogen" Zeitungsverlegern stand und steht nun die neue Generation an „digitalen" Unternehmern gegenüber. Um die **Unternehmenskultur** zu ändern, wurden folgende **Maßnahmen** ergriffen wie:

- Änderung der Denkweise von Mitarbeitern mit „analoger Printmedien-Kultur" (50 Workshops, Weiterbildungsmaßnahmen, neue Führungsprinzipien und flachere Hierarchien, die darauf abzielten, neue Freiheiten für Mitarbeiter zu schaffen, damit diese neue Ideen entwickeln können und offen sind für den Wandel.
- Einstellung und Etablierung junger, Internet-affiner Talente im Unternehmen [AXSP02].
- Verbesserung des Wissenstransfers (durch die Organisation von Netzwerkveranstaltungen wie der „Digitale Campus", bei der sich alle digitalen Firmen des Axel Springer Unternehmens präsentieren [AXSP02].
- Axel Springer Plug and Play: Im Jahre 2013 ging das Axel Springer-Verlagshaus mit dem „Plug and Play Center" in Sunnyvale, Kalifornien, eine Partnerschaft ein, um einen in Berlin basierenden Inkubator für digitales Unternehmertum zu schaffen. Der Name des „Acellerators" lautet denn auch: Axel Springer Plug and Play. Mit dieser Initiative erhält das Unternehmen Einblicke in neue Technologien, kann sich mit Start-up-Talenten vernetzen und interessante Investitionsprojekte identifizieren. Der Acellarator Plug and Play erzeugte ein kreatives Unternehmensmillieu in dem Start-Up CEO`s und Axel Springer-Top-Manager voneinander lernen können und zusammenarbeiten. Dies stellte sich als entscheidend für die Veränderung der Denk- und Arbeitshaltung der Axel Springer-Manager heraus [ASPP].

Eine weitere Maßnahme, um die digitale Transformationsstrategie von Axel Springer zu schärfen, bestand darin, Top Exekutives auf Dienstreise ins amerikanische **Silicon Valley** zu senden. Das Ziel bestand darin, von den dort ansässigen Start-up-Unternehmen zu lernen und insbesondere neue Ideen für das digitale Wachstum von Axel Springer zu entwickeln. Die Dienstreise, die der Executive Vice President von Axel Springer, Christoph Keese [KEESE], gemeinsam mit dem „Bild"-Chefredakteur Kai Diekmann und zwei weiteren Managern ins Silicon Valley unternommen hat, ist hierzulande anfangs als kauziger Klassenausflug nach Kalifornien belächelt worden. Der Bild Chefredakteur fasst seine Erkenntnisse aus dem Silicon Valley-Trip hingegen wie folgt zusammen: „Das (Silicon Valley) ist ein einzigartiges Ökosystem, das so auch nicht replizierbar ist", stellte Diekmann klar. Risiken würden „nicht als notwendiges Übel, sondern immer als große Chance verstanden" werden. Und: „Scheitern ist eine notwendige Voraussetzung für Erfolg. Wir müssen uns klar machen, dass wir nur dann überleben, wenn wir uns darauf einlassen." Die zentrale Botschaft für seine Mitarbeiter bringt er auf folgende Formel: „Journalismus hängt nicht am Papier. Die digitale Welt bietet für uns ungeahnte Möglichkeiten. Wir können uns 360 Grad, 24 h am Tag mitteilen und haben viel mehr

Bühnen zur Verfügung. Werde etwa der Platz auf der eigenen Webseite zu knapp, könne man auf Facebook oder Twitter ausweichen. Wir müssen diese Bühnen einfach erfolgreich bespielen" [STAN].

Der Anteil an digitalen Medien zum Gesamtgeschäft von Axel Springer umfasst: 52,2% am Konzernumsatz von 2.801,4 Mio. €, 69,8% am EBITDA und 74,4% an den Werbeerlösen [SPRI] [SPRI03]. Der geschäftliche Verlauf bis 2014 [AXSP02] deutet darauf hin, dass Axel Springer die vollständige digitale Transformation erfolgreich gestalten könnte. Allerdings steht der Verlag immer noch vor großen **Herausforderungen**. Dem CEO Matthias Döpfner war von Anfang klar, dass er eine ausgewogene Balance zwischen der traditionellen und der digitalen Geschäftsmodellstrategie halten musste. Die rückläufigen Auflagen der gedruckten Zeitungen und Zeitschriften mussten und müssen weiterhin durch die Erlöse aus digitalen Angeboten überkompensiert werden. Dies gelingt aber noch nicht wie gewünscht. Beispielsweise konnte das große Medium BILD nur jeweils einen digitalen Abonnenten für 3 verlorene Print Abonnenten in 2014 gewinnen [MANCE]. Innerhalb dieser Balance muss der Verlag mit einer sich entwickelnden Identität hin zum digitalen Verlag fortgeführt werden. Dies umfasst einen unternehmenskulturellen Wandel eines sich digital transformierenden Verlagsunternehmens. Hinzu kommt die Vorbereitung des Konzerns auf die Auseinandersetzung mit „Inhalte-Aggregatoren" wie Google, die sich selbst zu Medienunternehmen mit eigenen digitalen Infrastrukturen entwickeln. In einem offenen Brief an Eric Schmidt, Google's Executive Chairman, im April 2014 in der Frankfurter Allgemeinen Zeitung „Warum wir Google fürchten" spitzt es Döpfner wie folgt zu: „Wir haben Angst vor Google. Ich muss das einmal so klar und ehrlich sagen, denn es traut sich kaum einer meiner Kollegen, dies öffentlich zu tun." Weiter heißt es: „Google braucht uns nicht. Aber wir brauchen Google. Und auch wirtschaftlich bewegen wir uns in anderen Galaxien. Mit vierzehn Milliarden Jahresgewinn macht Google etwa zwanzigmal so viel Profit wie Axel Springer. Pro Quartal erwirtschaftet der eine mehr Gewinn als der andere in einem ganzen Jahr Umsatz. Unsere Geschäftsbeziehung ist die des Goliath Google zu dem David Axel Springer. Wenn Google einen Algorithmus ändert, bricht bei einem unserer Tochterunternehmen in wenigen Tagen der Traffic um 70% ein. Das ist ein realer Fall. Und dass dieses Tochterunternehmen ein Wettbewerber von Google ist, ist dabei sicher Zufall" [DÖPF02].

Dass Google den Verantwortlichen des Axel Springer Verlages Angst macht, ist durchaus nachvollziehbar. Doch dabei wird es nicht bleiben. Auch die Geschäftsmodelle in anderen Branchen werden durch das Agieren von Google bedroht. Es lohnt sich daher das nativ digitale Geschäftsmodell von Google näher zu betrachten.

4.2 Das Phänomen Google oder von A bis Z

Wir alle kennen die Suchmaschine „google.com" und nutzen diese wie selbstverständlich. Das Verb „googlen" (Suche über die Google-Suchmaschinenmaske) hat in den deutschen Sprachschatz Einzug gehalten. Aber Google steht nicht nur für die weltweite Suche im Web. Das Geschäftsmodell scheint ausschließlich auf der werbefinanzierten Suche zu basieren. Diese Sichtweise spiegelt sich in der Umsatzverteilung des Unternehmens wider. Im Jahr 2014 erzielte Google einen Umsatz von knapp $70 Mrd., mit einem ausgewiesenen Gewinn in Höhe von 14,4 Mrd. Die Geldmaschine von Google bildet die Suchmaschine mit einer Vielzahl an hochvernetzten Algorithmen. In der Google-Bilanz wird traditionell neben Online-Werbung nur noch ein Umsatz-Segment mit dem Namen „Other" (Anderes) aufgelistet [HOH]. Diese Position „Other" wird für die weitere Entwicklung des Unternehmens Google zunehmend wichtiger. Denn der Wettbewerber Facebook bedrängt Google zunehmend im wichtiger werdenden Bereich der mobilen Werbung auf Smartphones.

Auch das Selbstverständnis der kongenialen Google Gründer Larry Page und Sergey Brin begründet sich nur bedingt ausschließlich auf der suchbasierten Werbung. Dazu später mehr. Lassen Sie uns erst noch einen genaueren Blick auf das digitale Kern-Geschäftsmodell von Google werfen. Das 1998 gegründete und seit 2004 an der NASDAQ gelistete Unternehmen Google.Inc mit Hauptsitz in Mountain View, Kalifornien (USA), verfolgt ein klares Ziel, formuliert als Mission: „Das Ziel von Google ist es, die Informationen der Welt zu organisieren und für alle zu jeder Zeit zugänglich und nutzbar zu machen [GOOGLE]." Dies ist ein monumentales Ziel für ein Unternehmen, das sich aus einem Forschungsprojekt unter den Namen „BackRub" an der Stanford University herausbildete. Die beiden Gründer nannten ihre Suchmaschine „Google", ein Wortspiel mit dem Begriff „googol", dem mathematischen Fachbegriff für eine 1 gefolgt von 100 Nullen. Larry Page und Sergey Brin revolutionierten den Internet-Suchmaschinenmarkt, mit einer einfacheren und besseren Suchmöglichkeit als dies die damaligen Konkurrenten Altavista und Yahoo vermochten.

Die Eingangswebseite für den Nutzer war an Schlichtheit kaum zu überbieten und störte nicht mit Bannerwerbung. Die Revolution manifestierte sich vor allem in der Qualität der Suchergebnisse. Während die Konkurrenten die Rangfolge der angezeigten Webseiten nach der Anzahl der darin enthaltenen Suchwörter anzeigten, wurde den Nutzern bei der Google-Suche zu ihren Suchbegriffen die relevantesten Webseiten gewichtet nach der Wichtigkeit angezeigt. Die Suche funktioniert dabei nach dem heute noch gültigen PageRank-Algorithmus-Verfahren. Bei dem Suchalgorithmus geht es zentral um die Frage, wie verschiedene Seiten untereinander zu bewerten sind, sobald eine Information auf mehreren Seiten gefunden wird. Die Gründer haben dafür eine mathematische Lösung gefunden. So bekommt jede Internetseite einen Wert zugeordnet, den die Webseite über Verlinkungen an andere Webseiten abgeben kann und bekommt durch Links auf sich selbst weitere Werte. Die Webseite erscheint umso höher in den Suchergebnissen je höher der kumulierte Wert der Webseite ist. Dieses digitale Kern-Geschäftsmodell aus der Anfangszeit von Google wurde insbesondere durch Druck von Investoren in ein werbebasiertes digitales Geschäftsmodell transformiert. Hierbei kommt eine Besonderheit des nativ digitalen Geschäftsmodells aus der Anfangszeit von Google zum Vorschein, die charakteristisch ist für nativ digitale Start-up-Unternehmen. Das Unternehmen Google hat, vereinfacht ausgedrückt, erst die Wertschöpfung im digitalen Geschäftsmodell mittels Generierung relevanter Suchergebnisse realisiert. Das digitale Geschäftsmodell wurde dann rasch skaliert, ohne auch nur annähernd profitabel zu sein. Erst mit dem digital werbebasierten Google-Geschäftsmodell erfolgte die äußerst erfolgreiche Monetarisierung der Wertschöpfung.

Die Anatomie dieses digitalen Kern-Geschäftsmodells basiert im Wesentlichen auf den Komponenten AdWords, AdSense, Google Analytics, Android, Google Play und Google Apps wie GMail, Google Docs, Google Maps etc.

Das Prinzip hinter AdWords ist denkbar einfach. Passend zum Suchbegriff versucht Google die richtige Werbung zu platzieren. Dieses Verfahren nennt man kontextsensitive Werbung. Klickt nun der Nutzer auf die Werbung anstatt auf das angezeigte Suchergebnis, zahlt der Werbetreibende Google einen Preis für den Klick – also Pay-Per-Click. Es wird so der Werbeerfolg für den Werbetreibenden genau messbar. Im Jahr 2002 hat Google sein Werbesystem für andere Webseiten geöffnet. So können Webseiten-Betreiber unter dem Namen AdSense ihre Angebote durch Google vermarkten lassen. Das Prinzip hinter AdSense ist identisch mit AdWords: Werbung wird kontextsensitiv platziert, Preise über Auktionen ermittelt und auf Klickbasis abgerechnet. Die Einbindung von AdSense ist für Drittseiten kostenlos. Der Webseiten-Betreiber stimmt nur einer Umsatzbeteiligung zwischen sich und Google zu [GOOGLE] [LFM].

Das gesamte Google Universum wird durch Daten angetrieben. Mit dem Dienst Google Analytics können Werbetreibende kostenlos die Nutzung ihrer Angebote erfassen und auswerten. Im Gegenzug behält sich Google das Recht vor, alle erfassten und verarbeiteten Daten für seine Zwecke nutzen zu dürfen [GOOGLE]. Damit kann Google Nutzungsdaten sammeln und zu (anonymisierten) Nutzerprofilen aggregieren. Brisant wird dies, da Google Analytics automatisch ein Teil von AdSense ist. Da der Dienst AdSense auf Millionen Webseiten eingesetzt wird, hat Google faktisch einen nahezu vollständigen Überblick über das Nutzungsverhalten im Internet. So kommt Google dem selbstgesteckten Ziel, die (d. h. alle) Informationen der Welt zu organisieren, ein Stück näher. Noch ein Stück näher kommt Google diesem Ziel mit den anmeldepflichtigen Diensten wie GMail oder Google Docs. Hierbei ist Google in der Lage, einem anonymen Profil eine bestimmte Person und personenbezogene Daten zuzuordnen. Das primäre Nutzungsziel der erfassten Daten besteht im Wesentlichen nach Google aber darin, die Platzierung von Werbung zu optimieren und Lösungen in Werbesegmenten außerhalb der klassischen Suchmaschinen-Werbung zu realisieren [GOOGLE][LFM].

In dem Buch „Die Google Story" geht der Autor David Vise umfassend auf das von ihm benannte „Global Goooogling" ein [VISE]. Die Suchmaschine Google wird zu einem globalen Phänomen, das immer mehr über uns Nutzer weiss. Neben der Suchmaschine hat die Firma Google erfolgreich das Google Apps-Eco-System aufgebaut, in dem sich Apps wie Gmail, Google Kalender, Google Drive, Google Docs, Google Hang-Outs etc. befinden – und das für den Nutzer weitgehend kostenfrei. Im Gegenzug weiss der Konzern, welche Webseiten wir besuchen und an welchen Themen wir interessiert sind. Google generiert einen Mehrwert über die Weiternutzung von Nutzerdaten. Und das umso mehr, je stärker Google über die kostenfrei zur Verfügung gestellten Dienste die digitalen Aktivitäten der Nutzer integrieren kann. So kann Google die Kundenpräferenzen immer besser analysieren, und für die Geldmaschine AdWords über bessere personalisierte Werbung im Rahmen der Suchmaschine nutzen.

Die mit den Google Diensten erfassten Daten dienen auch dazu, den Suchalgorithmus auf das individuelle Nutzungsprofil anzupassen. Im Prinzip zahlt jeder Google-Nutzer für die Benutzung der Google-Dienste mit der Preisgabe seines Nutzungsverhaltens. So präsentiert sich das Kern-Erlös- und Datenmodell von Google. Damit sind die äußeren Grenzen des expandierenden Google Universums aber noch nicht abgesteckt. Mit den Smartphones auf der Basis des von Google entwickelten mobilen Betriebssystems Android kann Google in Erfahrung bringen, wo wir uns befinden. Das Betriebssystem Android ist auch deshalb so erfolgreich in der Marktdurchdringung, da es den Handy-Herstellern kostenfrei (lizenzfrei) zur Verfügung gestellt wird. Dazu kommt, dass die Dienste von Google auf allen Geräten mit diesem Betriebssystem voreingestellt sind. Mit dem mobilen Betriebssystem Android versucht Google die offenen Prinzipien des Internets auf die mobile Nutzung zu übertragen. Damit will Google die mobile Suche und mobile Werbung dominieren. Dieselbe Strategie versucht aber auch erfolgreich der Social Media-Dienst Facebook. Das Google hier eine Monopolstellung erreichen kann, zeichnet sich eher nicht ab.

Seit einigen Jahren versucht Google immer weiter in den Bereich der Bezahlinhalte vorzudringen. Auf der Basis der digitalen Plattform Google Play kann der Nutzer über den PC, den Fernseher, das Smartphone oder das Tablet Apps kaufen, Spiele spielen, digitalisierte Musik oder Filme herunterladen. Aber nur unter der Voraussetzung, dass diese Geräte mit Android ausgestattet sind oder eine entsprechende Google Play-App installiert ist. Google zielt darauf ab, mit Google Play eine digitale Drehscheibe für die Nutzung von Premium-Medieninhalten zu schaffen [LFM][BUD]. Aus den bisherigen Überlegungen lässt sich die schematische Anatomie des digitalen Kern-Geschäftsmodells von Google ableiten (siehe Abb. 4.4). Das dominante Software-Algorithmen-Modell des digitalen Kern-Geschäftsmodells von Google basiert auf vernetzten digitalen Software-Agenten-Modellen (siehe hierzu Kap. 3.2).

Damit ist die Entwicklung des Unternehmens Google mitnichten abgeschlossen. Die bisherigen Betrachtungen zu Google bezogen sich auf das digitale Kern Geschäftsmodell von Google. Dieses Kern-Geschäftsmodell ist robust und bildet die Lebensader für die weitere Expansion von Google zu ALPHABET. Nachfolgend beleuchte ich die am Anfang des Kapitels erwähnte Position „Other" in der Bilanz von Google.

In der Forschungsabteilung von Google **„Google X"** wird an visionären Projekten gearbeitet, die im Google „Sprech" auch **„Moonshots"** genannt werden (dazu zählen u. a. Google Glass, Loon, autonome Fahrzeuge). Dabei ist der Name Google X ein Wortspiel, wobei X für das Unbekannte steht. Das von dem deutschen

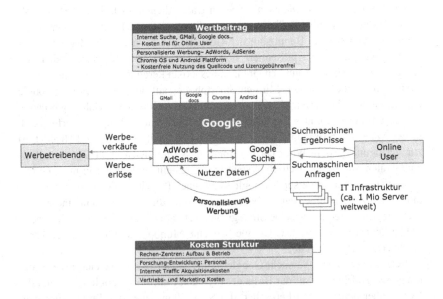

Abb. 4.4 Die Anatomie des digitalen Kern Geschäftsmodells von Google

Robotikexperten Sebastian Thrun aufgebaute Unternehmen auf der Suche nach dem Unbekannten wurde geschaffen, um die visionären Ziele der Google-Gründer umzusetzen [SCHULZ02]. Insbesondere der eigenwillige, aber hochintelligente Google Mitbegründer Larry Page treibt die Entwicklung von Projekten voran, mit der die Vision verbunden ist, **das Leben mit intelligenten Maschinen zu verbessern** – ob Zuhause, im Altersheim oder im Auto [SCHULZ]. An einem dieser Moonshots mit Namen „Deep Learning" (Google Brain) arbeitet Geoffrey Hinton, Professor für Computerwissenschaften an der University of Toronto. Beim „Deep Learning" verschmelzen Computer: und Neurowissenschaften miteinander. Damit verfolgt Hinton die Idee, Maschinen intelligenter zu machen, indem sie ein menschliches Verständnis ihrer Umgebung entwickeln. Dazu hat dann Google gleich auch für 450 Mio. Dollar ein britisches Labor für künstliche Intelligenz mit dem Namen „Deepmind" gekauft. Ein weiteres Beispiel für die Bestrebungen von Google X ist das Unternehmen „Calico", das von Page selbst gegründet wurde. Dieses Unternehmen ist auf das Altern und die damit einhergehenden Krankheiten spezialisiert. Momentan werden riesige Datenmengen zu Krankheiten, Diagnosedaten, Informationen zu biologischen Prozessen, Studien von Forschungseinrichtungen etc. angehäuft und mittels Big Data-Management [JA01] ausgewertet und angereichert [GOOGLE]. Das Thema „Big Data-Management" ist uns insbesondere im Kap. 3 begegnet.

Mit dem Kauf des Online-Thermostat-Herstellers „Nest Labs" für $3,2 Mrd. verfolgt Google die weitere Durchdringung aller Lebensbereiche. So beginnt die Expansion in die Welt des Internets der vernetzten Alltagsgeräte [FUEST]. Zukünftig sollen die in die smarten Thermostate und Rauchmelder eingebauten Temperatur- und Bewegungssensoren messen, wer sich wann und wo im Raum befindet. Die angesammelten Daten erlauben es, die Angewohnheiten und den Alltagsrhythmus der Nutzer zu messen, um den Haushalt auf der Basis dieser Daten dem Nutzer anzupassen. Das Unternehmen „Nest Labs" wird als eigenständiges Unternehmen im Google Universum geführt.

In das expandierende Feld der Robotik begibt sich das Unternehmen Google wiederum mit dem Kauf der Firma Boston Dynamics, die bionische Roboter fertigt. Mit dem Anspruch, die Informationen dieser Welt zu organisieren und für alle zu jeder Zeit zugänglich und nutzbar zu machen ist auch das Projekt „Google Books" unmittelbar verbunden. Dazu begann Google vor zehn Jahren damit, systematisch Bücher zu scannen. Das Scannen von Büchern war zu dem damaligen Zeitpunkt nicht neu. Aber Google gelang es einen Scanner zu entwickeln, der viel einfacher und kostengünstiger systematisch Bücher scannen konnte, als dies vorher möglich war. Das Ziel besteht darin, das gesamte Wissen in Büchern zu scannen. Mithin eine zentrale digitale Buch-Datenbank zu schaffen – auf globaler

Ebene wohlgemerkt. Nach eigenen Angaben beabsichtigt Google, das in Büchern niedergeschriebene Wissen vorwiegend durch Digitalisierung für eine Volltextsuche zur Verfügung zu stellen [WIKI06].

Ein weiteres Experimentierfeld von Google droht eine ganze Industrie zu revolutionieren und darin agierende Unternehmen mit strategischen Wendepunkten zu konfrontieren. Seit Jahren experimentiert Google mit selbstfahrenden Autos und bedroht mit dem neuen Ansatz etablierte Automobilhersteller. Der Konzern verfolgt hierbei einen Ansatz wie bei Android. Die Automobilhersteller sollen mit einer Umsonst-Software zur Steuerung und Darstellung von Navigation, Multimedia- und Internet-Inhalten im Fahrzeug in die Google Automotive Alliance eingebunden werden. Dabei denkt Google aber nicht darüber nach, selbst Automobile zu fertigen. Auf der Automesse IAA im September 2015 hat Philipp Justus, Chef von Google in Deutschland, Österreich, und der Schweiz, darüber gesprochen wie Google es mit der Fertigung von Autos hält. Zur Überraschung der zahlreichen Besucher sagte Justus: „Google ist kein Automobilhersteller, und Google hat auch nicht vor, ein Automobilhersteller zu werden" [FROMM]. Zumindest sucht Google die Nähe zur Automobilindustrie. Dazu hat Google mit dem deutschen Automobilzulieferer Continental AG und dem Auftragsfertiger Magna gesprochen. Der Suchmaschinen-Konzern testet zudem seit Jahren selbstfahrende Autos in den USA. Zuletzt wurde die Google-Technik in das Modell Prius von Toyota eingebaut [FAZN] [VISE]. Die Konsequenz aus diesem Ansatz liegt auf der Hand: In Zukunft entscheidet die Software über eine neuartige, autonome Fahrmöglichkeit. Das ist eine echte Revolution in der Art zu fahren. Die Hardware, also das Auto, könnte dann zunehmend zum beliebigen Austauschobjekt werden. Zumindest besteht die große Gefahr für die Automobilhersteller, dass die Kundenbindung von dem Auto hin zur digitalen Nutzer-Schaltzentrale im Auto wandert und damit zu Google oder Apple.

Noch näher rückt Google dem Nutzer und seiner Lebensrealität mit der Datenbrille „Google Glass". Mit dieser Datenbrille haben die Nutzer das Internet vor Augen und zahlreiche andere Google-Dienste. Dann lässt sich über die eingebaute Kamera, Maps und andere Funktionen genau ermitteln, wo sich der Nutzer augenblicklich befindet, und was er sieht [FUEST] [VISE]. Anfang 2015 wurde der Verkauf an private Endanwender vorerst eingestellt. Ohne allerdings die weitere Entwicklung an Google Glass wie bereits von der Presse voreilig kolportiert einzustellen. Weiter arbeitet der Konzern auch mit Hochdruck an den Themen smarte Kontaktlinsen zur Messung des Blutzuckerspiegels von Diabetes-Patienten, der Smart Watch, dem smarten Kühlschrank und dem „Balloon Internet". Das Projekt „Balloon Internet" läuft unter dem Projektnamen „Loon". Damit will Google Ballons in die Luft schicken, die überall ein drahtloses Internet aufbauen. Damit wäre

Google unabhängig von Telekommunikationsanbietern und könnte sein eigenes, schnelles Netz betreiben.

Die Mission von Google besteht darin, die Informationen der Welt zu organisieren, um sie für jedermann zugänglich zu machen. Das von Larry Page und Sergey Brin geprägte Motto „Don`t be evil" („Sei nicht böse") rundete das in der Öffentlichkeit gepflegte positive Bild über Google lange Zeit ab. Dieses Bild erhielt aber spätestens 2010 tiefe Risse als Googles Ex-CEO Eric Schmidt offen sagte: „Wir wissen, wo du bist. Wir wissen, wo du warst. Wir können mehr oder weniger wissen, was du gerade denkst [SCHMI]." In dieser Formulierung wird eine völlig neue Sicht auf den Menschen deutlich. Durch die massenhafte Auswertung von Suchanfragen über die Google-Suchmaschine wird eine nahezu 360 Grad-Rundumsicht über den Nutzer möglich. Der bereits zitierte Philosoph Byung-Chul spricht in diesem Zusammenhang von einer digitalen Optik: „Die digitale Optik macht die Überwachung von jedem Blickwinkel her möglich. So beseitigt sie den toten Winkel. Im Gegensatz zur analogen, perspektivischen Optik, kann sie bis in die Psyche hineinschauen [HAN01]." Diese Entwicklungen des Internet-Giganten Google lassen nur einen Schluss zu: Google will überall dabei sein. Besorgniserregend daran ist die von Google gesammelte Datenfülle über unser Leben. Der Konzern etabliert sich zu dem Daten-Management-Unternehmen schlechthin. Und wie hat es Andy Grove in seinem Buch „Nur die Paranoiden überleben" auf den Punkt gebracht: „Im Bereich der Technologie gilt der Grundsatz: was getan werden kann, wird auch getan" [GROVE]. Dies scheint sich angesichts der skizzierten Entwicklungen zu bestätigen. Bei allen diesen Entwicklungen gewinnt der Aspekt des Datenschutzes zunehmend an Bedeutung. Dies nicht erst seit dem NSA-Skandal, der durch Edward Snowden aufgedeckt wurde. Dies gilt insbesondere für höherwertige Daten, die aus der (Re-)Kombination, Integration und Filterung von vorhandenen Daten im Rahmen eines Kontext-Brokerings erzeugt werden. Im europäischen Kontext ist der Aspekt des Datenschutzes ein mittlerweile hochsensibles gesellschaftliches Thema geworden. Die Notwendigkeit der Entwicklung und Umsetzung geeigneter, transparenter Datenschutzkonzepte wird weiter an Bedeutung gewinnen. Es müssen zur effektiven Steuerung der Datennutzung unterschiedliche Schutzkategorien von Daten gebildet werden. Die Verwertung von privaten und halboffenen Daten beim Daten:Management kann und darf nur unter der Voraussetzung der ausdrücklichen Genehmigung durch den Nutzer erfolgen. Wie diese Datenschutzkonzepte ausgestaltet sein werden, ist noch unklar. Hier stehen wir noch am Anfang. Mit dieser Einführungsschrift sollten Sie aber in der Lage sein, sich aktiv und konstruktiv an der Datenschutzdiskussion zu beteiligen. In welchem Rahmen und Kontext auch immer.

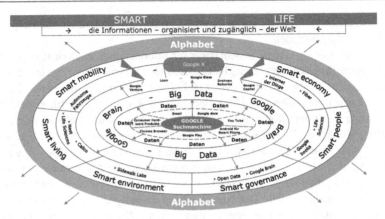

Abb. 4.5 Die Anatomie des expandierenden digitalen Geschäftsmodells von Google zu ALPHABET

Die Firmengründer haben im Juli 2015 bekannt gegeben, alle Aktivitäten unter einer Holdingstruktur mit Namen „ALPHABET" zu führen. Dabei bleiben unter dem Markennamen Google neben der Suchmaschine und dem Werbe-Netzwerk auch Dienste und Apps wie GMail und Google Drive, Google Maps und das Mobilbetriebssystem Android sowie der Browser-Chrome. Die im Google-Sprech genannten „Moonshots" werden in die Dachgesellschaft ALPHABET ausgelagert (siehe Abb. 4.5). In der schematischen Struktur von ALPHABET bekommt ein Aspekt eine besondere Bedeutung – das Big Data-Management. Das Gesamtkonstrukt ALPHABET wird angetrieben von den Massen-Daten aus dem Google Kern-Universum. Mit diesem Big Data-Management werden die Moonshots wie die anderen Aktivitäten innerhalb und außerhalb von Google befeuert. Darin zeigt sich auch die enge Verflechtung *aller* Aktivitäten von AL-PHABET.

Der Unternehmensname „ALPHABET" bringt klar zum Ausdruck, was die Unternehmensgründer beabsichtigen. Sie wollen das Leben mit intelligenten Maschinen in allen Lebensbereichen von A bis Z zu verbessern (Amazon will alles, von A bis Z, liefern – siehe Anfang Kap. 4). Damit geht die Mission von Google, die Informationen der Welt zu organisieren, einher und für alle zu jeder Zeit zugänglich und nutzbar zu machen. Darin zeigt sich das eigentliche Selbstverständnis der Google-Gründer. Aus der Abb. 4.5 wird deutlich, dass das ALPHABET darauf abzielt, das Leben der Menschen in allen Lebensbereichen (bezogen auf unser praktisches Beispiel in *allen* Handlungsfeldern einer Smart City) zu verändern, beziehungsweise zu verbessern. Bei ALPHABET werden alle Grunddesigns (siehe Kap. 3.2) von Daten-Algorithmen in unterschiedlichen Ausprägungen die entstehenden digitalen Geschäftsmodelle prägen. Am Beispiel von Google zeigt sich plastisch die Dimension und Dynamik hochvernetzter Algorithmen als Triebwerk digitaler Geschäftsmodelle.

Die Neuausrichtung des Google-Universums zu einer Holding namens „ALPHABET" verschafft den Unternehmensgründern mehr Spielraum bei der Weiterverfolgung ihrer übergeordneten Ziele. Es gilt dabei das Primat: erst erfinden, später monetarisieren. Dieser Vorzug der Ingenieure über die Ökonomen charakterisiert die innere Dynamik des gesamten Konzerns, seine Organisation und die Art, wie er geführt wird [SCHULZ]. Die Web-Präsenz von ALPHABET ist unter der URL abc.xyz zu finden. Dort findet sich prominent an erster Stelle das Mantra von Google wieder: „Google ist kein gewöhnliches Unternehmen. Und es soll auch kein gewöhnliches Unternehmen werden" [ALPHAB].

Was können wir aus den digitalen Transformationsbemühungen des Axel Springer Verlagshauses zu einem führenden digitalen Verlag und von dem Internetriesen Google lernen? Dieser Frage gehe ich im folgenden Kap. 4.3 nach.

4.3   Design-Prinzipien digitaler Geschäftsmodelle

Durch die allgemein zunehmende digitale Vernetzung werden die angestammten Branchengrenzen verwischt. Dies passiert, wenn beispielsweise ein Suchmaschinenanbieter wie Google so wie traditionelle Automobilhersteller am selbstfahrenden Auto arbeitet. Das stellt die Unternehmen in einer Branche mit etabliertem Geschäftsmodell vor besondere Transformationsanforderungen. Eine Voraussetzung, damit die digitale Transformation erfolgreich gelingen kann, ist gegeben, wenn das Kerngeschäft des Unternehmens solide ist und weiter wächst. Eine weitere Prämisse bildet die anfängliche Trennung von Kern- und Neugeschäft, wobei eine gemeinsame Basis beider Geschäftsteile vorhanden sein sollte (Beispiel Axel Springer Basis = Journalismus). Denn die Einführung eines digitalen Geschäftsmodelles unterscheidet sich meist grundlegend von der Weiterführung und Weiterentwicklung des nicht-digitalen Kerngeschäftes.

Bei der Weiterentwicklung des Kerngeschäfts durch Produkt- und Serviceentwicklungen auch mittels digitaler Einzelkomponenten ist eine inkrementelle Erweiterung im Sinne einer stetigen erhaltenden Innovation des bestehenden Geschäftsmodelles möglich. Aber auf lange Sicht nicht erfolgversprechend. Denn so Larry Page im Vorwort für das Buch „How Google Works" von Eric Schmidt und Jonathan Rosenberg: „Viele Firmen machen gern, was sie immer getan haben, mit nur geringfügigen Veränderungen. Diese Schritt-für-Schritt-Strategie führt mit der Zeit zur Bedeutungslosigkeit, besonders im Bereich der Technik, wo Veränderungen meist revolutionär sind, nicht evolutionär. Man muss sich also zwingen, Risiken einzugehen. Darum investieren wir in Bereiche, die sehr spekulativ wirken. Im englischen Original wird der Anspruch sprachlich noch deutlicher „... need to force yourself to place big bets on the future" [SCHMI02]. Eine weitere Konsequenz daraus ist, nicht dem Irrglauben zu verfallen, die digitale Transformation eines Unternehmens genau nach Plan durchführen zu können. Eine Planung ist für die digitale Transformation notwendig, aber nicht hinreichend. Da digitale Geschäftsmodelle in der Regel eher einen disruptiven Charakter aufweisen, ähnelt die Umsetzung stark der Gründung eines Start-up-Unternehmens mit eigenen Prozessen, Organisationsstrukturen, Budgets, Personal, Unternehmenskultur etc. Daraus folgt auch, dass nicht der Plan perfekt sein muss, sondern das Team für die digitale Transformation muss aus genügend „Smart Creatives" [SCHMI02] zusammengesetzt sein, um richtig reagieren zu können, wenn die Dinge nicht nach Plan ablaufen. Damit ist bereits eines der Design-Prinzipien digitaler Geschäftsmodelle identifiziert. Das Spektrum an Design-Prinzipien digitaler Geschäftsmodelle ergibt sich aus Abb. 4.6. Die Design-Prinzipien digitaler Geschäftsmodelle gehen weit über simple Handlungsempfehlungen hinaus. Vielmehr stellen die Design-Prinzipien die Verdichtung einer Vielzahl an Handlungsempfehlungen und Best Practices dar.

Das Design-Prinzip „**Start-up-Vorgehen**" gilt prinzipiell, unabhängig, ob es sich um ein digitales Geschäftsmodell in Form eines reinen Start-up-Unternehmens handelt, oder um die digitale Transformation eines etablierten analogen Geschäftsmodells. Bei dem Design-Prinzip „Start-up-Vorgehen" gilt es, Elemente der „Lean Start-up"-Theorie zu berücksichtigen. Diese Theorie, beziehungsweise der Begriff, wurde von dem im Silicon Valley agierenden Unternehmer Eric Ries in seinem Bestseller „The Lean Startup: How Today's Entrepreneurs Use Continious Innovation to Create Radically successful Businesses" [RIES] geprägt. Der Schwerpunkt liegt hierbei nicht auf einer ausschweifenden Vorab-Planung eines Unternehmens, sondern auf einem frühzeitigem Markttest von Hypothesen über die Kundenreaktionen auf einen Prototypen („minimum viable product or service") und Auswertung der Testergebnisse. Der Produktzyklus soll dabei so schlank wie möglich gehalten werden, um mit den Markt- beziehungsweise Kundenrückmeldungen sehr schnell auf Änderungswünsche reagieren zu können, ohne enormen Ressourceneinsatz.

Die Lean Start-up-Prinzipien umfassen folgende Schritte: 1. Hypothesenbildung, 2. Entwicklung messbarer und beeinflussbarer Metriken zum Test der Hypo-

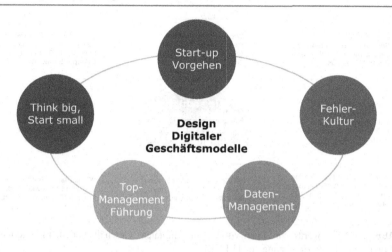

Abb. 4.6 Design-Prinzipien digitaler Geschäftsmodelle

these 3. Entwicklung eines Prototypen („minimum viable product") und eines digitalen Geschäftsmodells 4. Markttest mit Kundenreaktionen (kleine Zielgruppe) – enge und periodische Einbindung potentieller Kunden, 5. Iterativer Prozess – zurück zu Schritt 1 mit Markttestergebnissen (Tests auf allen Ebenen des Geschäftsmodells (Produkttests, Preistests, Marketingtests) sowie 6. Ergebnisauswertung und Weiterentwicklung des Prototypen bzw. des digitalen Geschäftsmodells [JA02] [MAURYA][RIES]. Die schnelle Skalierung eines funktionierenden Geschäftsmodells nach mehreren Iterationsschleifen stellt einen weiteren wichtigen Schritt des Design-Prinzips „Start-up-Vorgehen" [RIES] dar. Der Lean Start-up-Prozess stellt aber auch sicher, dass am Ende zahlreicher Iterationsschleifen ein funktionierendes, digitales Geschäftsmodell vorliegt oder das laufende Vorhaben eingestellt wird (Korrekturfunktion). In seinem Aufsatz „Business Models, Business Strategy and Innovation" stellt David J. Teece ein schematisches Fragengerüst zur Verfügung, mit dem ein vorläufiges (digitales) Geschäftsmodell iterativ evaluiert werden kann (siehe Abb. 4.7).

Unterstützen können bei diesem Start-up-Vorgehen auch Inkubatorgruppen im Unternehmen, vergleichbar mit der „Plug and Play"-Initiative bei Axel Springer (siehe Kap. 4.1). Außerdem ist die Umsetzung disruptiver digitaler Geschäftsmodelle vom Tagesgeschäft des existierenden Unternehmens zu trennen. Innerhalb des etablierten Unternehmens agieren die Start-up-Unternehmen eigenständig, mit sehr hohen Freiheitsgraden und dezidierten Mitarbeitern mit speziellen Anforderungsprofilen (siehe Design-Prinzip „Think big, start small").

Abb. 4.7 Fragengerüst zu einem vorläufigen (digitalen) Geschäftsmodell. Erweitert um digitale Aspekte in Anlehnung an [TEECE]

Am Anfang der Umsetzung digitaler Geschäftsmodelle steht die Idee und die Validität des Geschäftsmodells ist noch nicht bewiesen – es ist eine gut begründete Hypothese. Diese gut begründete Hypothese durchläuft mehrere Iterationsschleifen, bis zu dem Punkt, an dem ein marktfähiges, funktionierendes digitales Geschäftsmodell vorliegt. Dazu ist eine besondere **Fehlerkultur** erforderlich. Diese Fehlerkultur ist inhärenter Bestandteil der großen Akteure in der digital vernetzten Welt. So musste Microsoft 7,6 Mrd. auf das Mobilfunkgeschäft abschreiben oder Apple stellte 2012 sein Musik-Netzwerk Ping mangels Erfolgs ein. Der Gründer von Amazon Jeff Bezos verkündete auf einer Technologie-Konferenz, dass der gescheiterte Smartphone-Vorstoß „Fire Phone" Milliarden gekostet hat und eingestellt wird [FUEST02]. Das Scheitern ist Bestandteil disruptiver und innovativer Geschäftsmodelle, die mit einer hohen Unsicherheit und Investitionsrisiko verbunden sind.

Bei einem disruptiven digitalen Geschäftsmodell gilt es prinzipiell visionär zu planen, aber nicht zu versuchen, das Geschäftsmodell in einem Schub umsetzen zu wollen. Vielmehr sollte das Motto **„Think big, start small"** lauten. So haben sich kleine, unabhängige Teams (eigenes Management, weitgehend unabhängige Entscheidungskompetenzen über Produktentwicklungen etc. [KRESS]), zusammengesetzt aus Mitarbeitern, die über ein spezifisches Anforderungsprofil verfügen, als erfolgreich erwiesen. Diese Mitarbeiter bezeichnet Eric Schmidt in seinem Buch „How Google works" mit dem Titel „Smart Creative". Unter den „Smarten Kreativen" versteht Eric Schmidt Mitarbeiter, die über ein umfassendes ökonomisches und technologisches Wissen verfügen, kreative Energie besitzen und eine

„Macher"-Mentalität haben, um die Dinge auch zu realisieren. Das gemeinsame Charakteristikum dieser Smarten Kreativen ist, dass diese hart arbeiten, immer bereit sind, den Status Quo zu hinterfragen und Herausforderungen kreativ angehen [SCHMI02]. Es sollte offensichtlich sein, dass diese Art von Mitarbeitern schwer zu „managen" ist, insbesondere im Kontext etablierter, nicht digitaler Geschäftsmodelle. Unter dem Motto „thing big, start small" ist auch zu verstehen, dass am Anfang digitaler Geschäftsmodelle oder Geschäftsmodelltransformationen meist geringe Umsätze vorhanden sind. Hier ist der Beweis der Gültigkeit des digitalen Geschäftsmodells wichtiger, als schnelle Umsätze. Einige Leser dieser Zeilen können sicher klar nachvollziehen, was das in großen, etablierten Konzernen bedeutet (kurzfristige Profit-Orientierung versus langfristig strategischer Orientierung und Risikobereitschaft).

Das hochvernetzte Daten-Management bildet das innere Triebwerk digitaler Geschäftsmodelle und den Nukleus für die Geschäftsmodellexpansion. Einige **Daten-Management**-Ansätze erweitern bestehende Geschäftsmodelle digital, die weit größere Anzahl der Daten-Management-Ansätze ist disruptiver Natur und führt zu völlig neuen digitalen Geschäftsmodellen. Das Spektrum der Daten-Management-Ansätze weist fünf zusammenhängende Muster auf: **Muster 1:** Weiterverarbeitung (Algorithmen)-erzeugter Daten physischer Güter zur Produktanreicherung oder Erzeugung eines neuen Kundennutzens (Smart Metering des Energieverbrauchs zur Preisoptimierung). **Muster 2:** Digitalisierung physischer Produkte (Musik, Bücher, Video, Zeitungen). **Muster 3:** Kontextbasierte Kombination von Daten innerhalb und über Industriegrenzen hinaus (Big Data-Management; beispielsweise operiert IBM ein Intelligent Operations Center in Rio de Janeiro, das aus zahlreichen Datenquellen (interne und externe) Stadtprozesse überwacht und über komplexe Algorithmen auch steuert). **Muster 4:** Datenhandel (ein Mobilfunkanbieter erkennt die Konzentration von Nutzern in definierten „Mobilfunkzellen" und verkauft die Daten an Navigationsgerätehersteller und -dienstleister für Staumeldungen, Stauumfahrungshilfen etc.). **Muster 5:** Digitalisierung einer spezifischen Service-Komponente (Reisekosten-Management als Best Practice des Unternehmens und Verkauf des Service an andere Unternehmen über Cloud Computing-Technologien).

Das Daten-Management baut auf Daten auf, die in ihrer Natur erst analysiert werden müssen, bevor entsprechende Daten-Management-Muster abgeleitet werden können. Folgende Fragen sind dabei hilfreich: Welche Art der Daten haben wir? Welche Daten können wir von unseren Produkten und Services extrahieren? Welche unterstützenden Daten können wir von Drittanbietern bekommen? Zu welchen Daten bekämen wir Zugang in Form eines Joint Ventures? [PAR] [IAN]. Die Fragen scheinen auf den ersten Blick trivial daher zu kommen, erfordern aber umfangreiche Analysen und konzeptionelle Überlegungen. Die vernetzten Algorith-men-Modelle aus Kap. 3.2 erweitern das Spektrum der skizzierten Daten-Manage-ment-Ansätze, indem diese auf den Mustern aufbauen. Bei digitalen Geschäfts-modellen treten die Muster nicht isoliert, sondern in (Re-)Kombination von zwei oder mehreren Mustern auf.

Der CEO (Chief Executive Officer) und ein nachgeordneter Mitarbeiter des Top-Managements sollten die Aufgabe des Entrepreneurs und Innovators innerhalb des digital zu transformierenden Unternehmens übernehmen. Die Steuerung der Start-up-Organisation erfolgt so über die **Top-Management-Führung.** Die Akteu-re in den Start-up-Unternehmen müssen als Designer eines digitalen Geschäftsmo-dells über disziplinenübergreifendes Know-how verfügen und die mit den disrup-tiven Geschäftsmodellen einhergehenden Risiken und Vorteile managen können. Optimalerweise sind Geschäftsmodell-Designer gleichsam Wissenschaftlicher und Künstler (Smart Creatives). Der CEO steht an der Spitze der ausgestalteten Geschäftsmodell-Organisationen und vertritt die Vorhaben nach innen und außen [DRUCKER]. Mit der kreativen Zerstörung bestehender Denkmuster, etablierter Strukturen und Unternehmenskulturen, ist ein tiefgreifender Wandel verbunden. Damit gehen begründete oder auch nur gefühlte Ängste vor Veränderungen bei den Mitarbeitern des betroffenen Unternehmens einher. Der CEO der digitalen Trans-formation eines Unternehmens wird gefordert sein, unpopuläre Entscheidungen zu treffen, aber dabei auch alle Mitarbeiter abzuholen und zu mobilisieren.

Dem aufmerksamen Leser wird aufgefallen sein, dass alle fünf Design-Prinzi-pien miteinander zusammenhängen. Praktisch angewendet, finden sich alle De-sign-Prinzipien insbesondere bei der digitalen Transformation von Axel Springer (siehe Kap. 4.2) und bei der Expansion von Google zu „ALPHABET". Bei der Umsetzung digitaler Geschäftsmodelle sind alle Design-Prinzipien zu beachten. Die betrachteten Design-Prinzipien bilden eine Einheit und wirken interdependent bei der Umsetzung.

Ganz im Sinne von Steve Jobs: „One more thing" schließe ich im folgenden Kap. 5 den Kreis meiner Überlegungen zum Komplex digitaler Geschäftsmodelle.

Epilog: One more thing

5

*„Die Topologie des Digitalen besteht aus flachen, glatten
und offenen Räumen. "*
(Han Byung-Chul)

Der Transformationsprozess von der analogen in die digitale Welt verläuft nicht in
allen Branchen parallel und in gleicher Geschwindigkeit ab. Sehr weit fortgeschrit-
ten ist der Transformationsprozess bereits in der Musik-, Foto-, Film-, Verlags- und
Textilindustrie. Die Ursachen dafür sieht auch der deutsche Blogger Sascha Lobo
im „Prinzip der schöpferischen Zerstörung durch disruptive Technologien – aber
nun kommen drei Entwicklungen ins Spiel, die gewissermaßen die Disruption
selbst disruptieren. Mit der umfassenden Digitalisierung gibt es immer mehr digital
geprägte Produkte. Mit der digitalen Vernetzung werden sie ständig aktualisierbar.
Mit der unfassbaren Informationsbeschleunigung durch die sozialen Medien setzen
sich gesellschaftliche Standards in kürzester Zeit durch. Aus der ohnehin schon
zerstörerischen Disruption ist mit dem Internet die digitale Dauerdisruption ge-
worden" [LOBO]. Eine revolutionäre Antwort auf diese digitale Dauerdisruption
haben beispielsweise die meisten jetzt schon stark betroffenen Zeitungsverleger
noch nicht gefunden. Die Vorstellung, eine gedruckte Zeitung einfach nur zu digitalisieren, würde ins digitale Zeitalter führen, ist vergeblicher Aktionismus. Oder
wie Sascha Lobo unter der Überschrift „Zyklus der Zerstörung" weiter schreibt:
„Verzweifelte Zeitungsverleger glauben, ihr Heil im Herbeilobbyieren eines Leis-
tungsschutzrechtes suchen zu müssen – ein sinnfrei konstruiertes Gesetz, das
so wirksam sein wird wie ein Fön zum Haaretrocknen unter Wasser" [LOBO].
Ähnlich defensiv sind die etablierten Musik- und Filmanbieter vorgegangen, bevor diese von Apple mit dem iTunes Store und anderen Anbietern digitalisierter
Musik- und Filmangebote an die Wand gedrückt wurden. Der Inkubator „Rocket
Internet" der Samwer Brüder scheint eine andere Antwort auf die digitale Disruption gefunden zu haben. Dazu haben die Samwer Brüder eine Methode entwickelt,

© Springer Fachmedien Wiesbaden 2015
M. Jaekel, *Die Anatomie digitaler Geschäftsmodelle,* essentials,
DOI 10.1007/978-3-658-12281-2_5

im Markt erfolgreiche digitale Geschäftsmodelle zu kopieren und über eine digitale Plattform auszurollen.

Primär werden vor allem in den USA erfolgreiche digitale Geschäftsmodelle kopiert und in Ländern außerhalb der USA und China ausgerollt. So lautet auch konsequent die Mission von Rocket Internet: „To Become the World's Largest Internet Platform Outside the United States and China" [ROCKET]. So war die von den Samwer Brüdern in der Anfangszeit in Deutschland entwickelte Alando Plattform ein Ebay-Klon – und wurde an Ebay verkauft. Zalando war ursprünglich die deutsche Version des US-Schuhversands Zappo. Mit Wimdu und Airizu tritt Rocket Internet gegen Airbnb an [MECK]. Die Innovationsleistung der Samwers liegt nicht in ihren Geschäftsideen oder digitalen Geschäftsmodellen. Die stammen von anderen Unternehmen. Die Innovationskraft liegt in den Prozessen, mit denen sie Start-Ups am Fließband gründen, mit Kapital, Technologie und Personal ausstatten und dann groß machen. Damit realisieren die Samwer Brüder eine Verfahrensinnovation. Das drückt sich auch im Selbstverständnis von Rocket Internet durch Oliver Samwer aus: „Wir sind die Gründer von Unternehmen, aber wir sind keine Innovatoren. Jemand anderes ist der Architekt und wir sind die Unternehmensgründer" [COWAN]. Dafür wird Rocket Internet von Kritikern meist als „Clone-Factory" bezeichnet.

Das Paradoxon von Rocket Internet liegt im Klonen digitaler Geschäftsmodelle selbst. Dem Klonen fehlt völlig das Revolutionäre. Denn das Neue kommt nicht in die Welt durch Kopieren, egal wie smart auch immer umgesetzt. Der PayPal Mitgründer Peter Thiel trifft in seinem Buch „Zero to One" den Kern: „Natürlich ist es einfacher, Vorbilder zu imitieren als Neues zu schaffen. Wenn wir uns an Vertrautes halten, führen wir die Welt von eins zu n und vermehren Altbekanntes. Aber wenn wir etwas Neues schaffen, machen wir einen Sprung von null auf eins. Der Akt der Schöpfung ist so einmalig wie sein historischer Kontext, und das Ergebnis ist etwas Frisches und Fremdes" [THIEL]. Mit dem „Frischen und Fremden" ist auch eine Revolution gemeint, die aus den offenen Räumen des Digitalen entsteht. Durch die offenen Räume des Digitalen entstehen völlig neue Möglichkeiten. Das bedeutet eben auch nicht, sich auf Mitbewerber oder Marktanteile zu fokussieren, sondern im Schumpeterschen Sinne der kreativen Zerstörung etwas Neues zu schaffen. Das Zitat von Steve Jobs am Anfang von Kap. 1 drückt die dazu notwendige Haltung in der Digitalmoderne aus: „Es ist besser, ein Pirat zu sein, als der Navy beizutreten. Lasst uns Piraten sein."

Literatur

Amazon.Inc.: http://www.amazon.de/ (2015)

abc.xyz: Alphabet. https://abc.xyz/ (2015)

Axel Springer SE: Axel Springer Plug and Play Accelerator. http://www.axelspringer.de/dl/16944123/Geschaeftsbericht_2013.pdf (2013)

Axel Springer: Geschäftsbericht 2013. http://www.axelspringer.de/dl/16944123/Geschaeftsbericht_2013.pdf (2013)

Axel Springer: Geschäftsbericht 2014. https://www.axelspringer.de/dl/19209217/Geschaeftsbericht_2014.pdf (2014)

Batagan, L.: The use of Intelligent Solutions in Romanian Cities. In: Informatica Economica Vol. 16, No. 4/2012. Academy of Economic Studies, Bucharest, Romania (2012)

Berman, S., Bell, R.: Digital transformation. Creating new business models where digital meets physical. IBM Institute for Business Value. New York (USA) (2011)

Bettis, R.: Commentary on „Redefining Industry Structure for the Information Age" by J.L. Sampler. In: Strategic Management Journal, Vol. 19, S. 357–361 (1998)

Cohen, B.: 6 Components for Smart Cities. Smart Cities Wheel. UBM's Future Cities. http://www.ubmfuturecities.com/author.asp?section_id=219&doc_id=524053 (2012)

Brynjolfsson, E., McAffee, A.: The Second Machine Age. Work, Progress, and Prosperity in a Time of Brilliant Technologies. W.W. Norton & Company, New York (USA) (2014)

Budras, C., Bernau, P.: Google macht uns Angst, Herr Varian. In: Frankfurter Allgemeine Zeitung, 24.8.2014, Nr. 34, S. 16–17 (2014)

Budras, C.: Das Imperium. In: Frankfurter Allgemeine Sonntagszeitung, 16.8.2015, Nr. 33. S. 33 (2015)

Caragliu, A.; Del Bo, C.; Nijkamp, P.: Smart cities in Europe. Serie Research Memoranda 0048. VU University Amsterdam. ftp://zappa.ubvu.vu.nl/20090048.pdf (2009)

Cowan, M.: Inside the clone factory: The story of Germany's Samwer brothers. In. Wired Magazine, 2.3.2012. http://www.wired.co.uk/magazine/archive/2012/04/features/inside-the-clone-factory (2012)

Doctor, K.: What are they thinking? Eight principles for Matthias Döpfner`s Transformation of Axel Springer. http://www.capitalnewyork.com/article/media/2015/04/8565608/what-are-they-thinking-eight-principles-transforming-axel-springer# (2015)

Doleski, O.: Integriertes Geschäftsmodell. Anwendung des St. Galler Management Konzepts im Geschäftsmodellkontext. In: Springer Essentials. Springer Fachmedien Wiesbaden (2014)

© Springer Fachmedien Wiesbaden 2015

M. Jaekel, *Die Anatomie digitaler Geschäftsmodelle*, essentials,

DOI 10.1007/978-3-658-12281-2

Doll, N.: Autonomes Fahren. Hier lenkt der digitale Chauffeur. In. Welt HD, 7.9.2014. http://hd.welt.de/ausgabe-b/thema-des-tages-b/article131939665/Hier-lenkt-der-digitale-Chauffeur.html (2014)

Axel Springer AG: 100. Geburtstag Axel Springer. Vorwort von Matthias Döpfner, Vorstandvorsitzender der Axel Springer AG. In: Verlags-Sonderausgabe Axel Springer: Journalist, Unternehmer, Freiheitskämpfer, 2.5.2012. http://www.axelspringer.de/dl/504860/ Sonderbeilage_MD_Vorwort.pdf (2012)

Döpfner, M.: Offener Brief an Eric Schmidt. Warum wir Google fürchten. In: Frankfurter Allgemeine Zeitung, 16.4.2014. http://www.faz.net/aktuell/feuilleton/medien/mathiasdoepfner-warum-wir-google-fuerchten-12897463.html?printPagedArticle=true#pageIndex_2 (2014)

Döpfner, M.: Der Journalismus lebt. In: Welt. Essay, 8.5.2006. http://www.welt.de/printwelt/article215176/Der-Journalismus-lebt.html (2006)

DPA: Berliner Morgenpost und Hamburger Abendblatt werden teils auf Kredit verkauft. In: faz.net, 25.7.2013. http://www.faz.net/aktuell/wirtschaft/unternehmen/ medienbranche-berliner-morgenpost-und-hamburger-abendblatt-werden-teils-aufkredit-verkauft-12304343.html (2013)

Drucker, P.: The Theory of Business. In: Harvard Business Review. September-October Issue. https://hbr.org/1994/09/the-theory-of-the-business (1994)

Drucker, P.: The Effective Executive: The Definitive Guide to Getting the Right Things Done. HarperBusiness; Auflage: Revised, New York (USA) (2006)

FAZ. Net: Google will offenbar Roboter-Taxis entwickeln. In: Faz. Net Aktuell, 24.8.2013. http://www.faz.net/aktuell/wirtschaft/netzwirtschaft/google/selbstfahrende-autos-google-will-offenbar-roboter-taxis-entwickeln-12545056.html (2013)

Fromm, T.: Google hat nicht vor ein Automobilhersteller zu werden. In: Sueddeutsche Zeitung, 16.9.2015. http://www.sueddeutsche.de/wirtschaft/iaa-google-hat-nicht-vor-einautohersteller-zu-werden-1.2649955 (2015)

Fuest, B., Heuzeroth, T., Jüngling, T.: Google ist überall. In: Welt am Sonntag, 19.1.2014, Nr. 3. Rubrik Wirtschaft, S. 32 (2014)

Fuest, B.: Irren ist IT. In: Welt am Sonntag, 2.8.2015, Nr. 31, Rubrik Wirtschaft, S. 30 (2015)

Gassmann, O., Frankenberger, K., Csik, M.: Geschäftsmodelle entwickeln. 55 innovative Konzepte mit dem St. Galler Business Model Navigator. Carl Hanser Verlag München (2013)

Geiselberger, H., Moorstedt, T.: Big Data. Das neue Versprechen der Allwissenheit. Suhrkamp Verlag. Berlin (2013).

Giffinger, R., Fertner, C., Kramar, H., Kalasek, R., Pichler-Milanovic, N., Meijers, E.: Smart Cities – Ranking of European Medium-Sized Cities, Research Report, Vienna, University of Technology, Vienna, Austria. http://www.smart-cities.eu/download/smart_cities_final_report.pdf (2007)

Google.Inc: Google – Unternehmensprofil. http://www.google.com/about/company/ (2015)

Department for Business Innovation & Skills: Smart Cities. Background Paper. October 2013. London.https://www.gov.uk/government/uploads/system/uploads/attachment_data/file/246019/bis-13-1209-smart-cities-background-paper-digital.pdf (2013)

Grimming, R.: 40 Jahre Intel „Nur die Paranoiden überleben". Süddeutsche Zeitung Digitale Medien GmbH. München. http://www.sueddeutsche.de/digital/jahre-intel-nur-die-paranoiden-ueberleben-1.590551 (2010)

Grove, A.: Only the paranoid survive. Profile Books (1998)

Byung-Chul, H.: Psychopolitik. Neoliberalismus und die neuen Machttechniken. S. Fischer Wissenschaft. Frankfurt am Main (2014)

Byung-Chul, H.: Im Schwarm. Ansichten des Digitalen. Matthes & Seitz, Berlin (2013)

Hatzelhoffer, L. et al.: Smart City konkret. Eine Zukunftswerkstatt in Deutschland zwischen Idee und Praxis, Berlin (2012)

Helbing, D.: Pluralistic Modelling of Complex Systems. http://arxiv.org/pdf/1007.2818.pdf (2010)

Heck, M.: Google Glass kommt zurück. In: Manager Magazin, 27.4.2015. http://www.manager-magazin.de/unternehmen/it/google-glass-kommt-zurueck-a-1030897.html (2015)

Helminger, P.: Luxembourg goes smart. http://summit2010.uni.lu/publish/100602%20VdL%20Future%20Internet%20def.pdf (2010)

Hoffmeister, C.: Digitale Geschäftsmodelle richtig einschätzen. Carl Hanser Verlag, München (2013)

Hofstetter, Y.: Sie wissen alles. Wie intelligente Maschinen in unser Leben eindringen und warum wir für unsere Freiheit kämpfen müssen. C. Bertelsmann Verlag, München (2014)

Hohensee, M.: Alphabet. Google zerlegt sich selbst. In: Wirtschaftswoche, 11.8.2015. http://www.wiwo.de/unternehmen/it/alphabet-google-zerlegt-sich-selbst/12171158.html (2015)

Hollersen, W.: Die Macht der Mathematik. In: Welt am Sonntag. Rubrik Wissen, 7.9.2014, Nr. 36 (2014)

Iansiti, M., Lakhani, K.: Digital Ubiquity: How Connections, Sensors, and Data Are Revolutionizing Business. In: Harvard Business Review. November 2014, MA (USA). https://hbr.org/2014/11/digital-ubiquity-how-connections-sensors-and-data-are-revolutionizing-business (2014)

Jaekel, M., Bronnert, K.: Die digitale Entwicklung moderner Großstädte. Apps-basierte innovative Geschäftsmodelle für neue Urbanität, Springer Vieweg, München (2013)

Jaekel, M.: Smart City wird Realität. Wegweiser für neue Urbanitäten in der Digitalmoderne, Springer Vieweg, München (2015)

Jonda, M.: Szenario-Management digitaler Geschäftsmodelle – Skizze einer Geschäftsmodellierung am Beispiel von Mobile-Health-Dienstleistungen. Dissertation. Universität Oldenburg, http://oops.uni-oldenburg.de/127/1/jonsze04.pdf (2004)

Kelly, K.: New Rules for the New Economy. 10 Radical Strategies for a Connected World. Viking Adult; First Edition edition, New York (USA) (1998)

Keese, C.: Silicon Valley: Was aus dem mächtigsten Tal der Welt auf uns zukommt, Albrecht Knaus Verlag, München (2014)

Kressin, J.: Symphony of Disruption: Geschäftsmodelle und Innovationen in der digitalen Welt. Diplomica Verlag; Auflage: 1., Aufl. (2012)

Kuk, G., Janssen, M.: The Business Models and Information Architectures of Smart Cities. In: Journal of Urban Technology, 18:2, 39–52 (2011)

Lewis, M.: The New New Thing: A Silicon Valley Story. Norton & Company; Auflage: Reprint, New York City (USA) (2014)

Landesanstalt für Medien Nordrhein-Westfalen: Apple. Google. Facebook. Amazon. Strategien und Geschäftsmodelle einfach auf den Punkt gebracht. http://www.lfm-nrw.de/foerderung/digitalisierung/digitalkompakt/05-apple-google-facebook-amazon.html (2012)

Lobo, S.: Die Mensch-Maschine: Zyklus der Zerstörung. In: Spiegel Online, 2.10.2012. http://www.spiegel.de/netzwelt/web/zyklus-der-zerstoerung-a-859005.html (2012)

Magretta, J.: Why Business Models Matter. In: Harvard Business Review. May Issue. https://
hbr.org/2002/05/why-business-models-matter (2002)

Mance, H., Vasager, J.: Axel Springer regroups after failing in two headline media deals. In:
Financial Times International, 4.8.2015. http://www.ft.com/intl/cms/s/0/7170a15a-2bb0-
11e5-acfb-cbd2e1c81cca.html#axzz3mjizAzMn% (2015)

Maurya, A.: Running Lean – Das How-to für erfolgreiche Innovationen. O'Reilly Verlag
GmbH & Co. KG; Auflage: 1, Köln (2013)

Morgenroth, M.: Sie kennen dich! Sie haben dich! Sie steuern dich! Droemer Verlag, München (2014)

Negroponte, N.: Total digital. Die Welt zwischen 0 und 1 oder Die Zukunft der Kommunikation. Goldmann Verlag, München (1997)

Osterwalder, A.: The Business Model Ontology: A proposition in a design science approach.
http://www.hec.unil.ch/aosterwa/PhD/Osterwalder_PhD_BM_Ontology.pdf (2004)

Parmar, R., Mackenzie, I., Cohn, D., Gann, D.: The New Patters of Innovation. In: Harvard
Business Review. January – February 2014 Issue. https://hbr.org/2014/01/the-new-pat-
terns-of-innovation (2014)

Ries, E.: The Lean Startup: How Constant Innovation Creates Radically Successful Businesses. Portfolio Penguin; Auflage: Trade Paperback. Penguin Group USA (2011)

Rocket Internet: Our Mission: To become the World's largest Internet Platform outside the
Unites States and China. https://www.rocket-internet.com/ (2015)

Scherer, F. M.: Schumpeter and plausible capitalism. In: Journal of Economic Literature
30:1416–1433 (1992)

Schmidt, E.: Second Annual Washington Ideas Forum, 1.10.2010. http://www.theatlantic.
com/technology/archive/2010/10/googles-ceo-the-laws-are-written-by-lobbyists/63908/
(2010)

Schmidt, E., Rosenberg, J.: How Google Works. John Murray Oublishers, London (UK)
(2015)

Schulz, T.: Wetten auf die Zukunft. In: Der Spiegel Nr. 34, 14.8.2015, S. 18–19 (2015)

Schulz, T.: Larry und die Mondfahrer. In: Der Spiegel Nr. 10, 1.3.2014, S. 62 (2014)

Schumpeter, J.: Theorie der wirtschaftlichen Entwicklung. Berlin (1912)

Shapiro, C., Varian, H.: Information Rules: A Strategic Guide to the Network Economy.
Harvard Business Review Press. Boston (USA) (1998)

Simanowski, R.: Digitale Verheißungen – und eine Prise Schattenseite. In: Frankfurt Allgemeine Zeitung, Wirtschaft, 21.2.2001. SPIEGEL-Verlag Rudolf Augstein, Hamburg
(2001)

Der Spiegel: Von A bis Z. In: Der Spiegel, 14.8.2015, Nr. 34, Hamburg (2015)

Axel Springer AG: Auf einen Blick. Axel Springer SE. https://www.deutschlands100.de/up-
loads/tx_epxarbeitgeber/Axel_Springer_Broschuere.pdf (2014)

Axel Springer AG: Informationen zur Neusegmentierung und den fortgeführten Aktivitäten,
17.02.2014   http://www.axelspringer.de/dl/16678663/140217_Paket_deutsch_FINAL.
pdf (2014)

Axel Springer AG: Quartalsfinanzbericht Janaur – September 2014. http://www.axelsprin-
ger.de/dl/18584384/AS_9M_2014_Quartalsfinanzbericht.pdf (2014)

Axel Springer AG: Geschäftsbericht 2006. http://www.axelspringer.de/dl/23130/01_axel-
springer_geschaeftsbericht_2006.pdf (2006)

derStandard.at: „Bild"-Herausgeber Diekmann: „Journalismus hängt nicht am Papier" In: derStandard.at, 30.9.2014. http://derstandard.at/2000006241643/Bild-Herausgeber-Diekmann-Journalismus-haengt-nicht-am-Papier (2014)

Stähler, P.: Geschäftsmodelle in der digitalen Ökonomie: Merkmale, Strategien und Auswirkungen, Josef Eul Verlag, Köln-Lohmar, S. 41 f. (2001)

Stone, B.: The everything store. Jeff Bezos and the Age of Amazon. Corgi Books, London (UK) (2014)

Teece, D.: Business Models, Business Strategy and Innovation. In: Long Range Planning Volume 43, S. 172–194. http://www.elsevier.com/locate/lrp (2010)

Thiel, P.: Zero to One: Wie Innovation unsere Gesellschaft rettet. Campus Verlag, Frankfurt am Main, New York (2014)

Veit, D., Clemons, E., Benlian, A., Buxmann, P., Hess, T., Kundisch, D., Leimeister, J.M., Loos, P., Spann, M.: Business Models – An Information Systems Research Agenda. Business & Information Systems Engineering (BISE) 1, 45–53. http://aisel.aisnet.org/bise/vol6/iss1/8/ (2014)

Ahmed, A., Olander, S.: Velocity. The seven new laws for a world gone digital. The Random House Group Limited. Croydon (UK) (2012)

Vise, D.: The Google Story. Bantam Dell Publishing Group. New York (USA) (2008)

Vorsicht Buch!: Wer Bücher liebt, der kauft in der Buchhandlung. Börsenverein des Deutschen Buchhandels (2015)

Weill, P., Woerner, S.: Optimizing Your Digital Business Model. In: MIT Sloan Management Review. Spring 2013, Vol 54, No. 3. http://sloanreview.mit.edu/article/optimizing-your-digital-business-model/ (2013)

Weiser, M.: The Computer for the 21st Century. In: Scientific American. http://www.ubiq.com/hypertext/weiser/SciAmDraft3.html (1991)

Wessel, M., Christensen, C.: So überleben Sie disruptive Innovationen. In: Harvard Business Manager, S. 20–31, 35. Jahrgang, Hamburg (2013)

Weyer, J.: Techniksoziologie. Genese, Gestaltung und Steuerung sozio-technischer Systeme. Juventa Verlag, Weinheim und München (2008)

Wikipedia.org: Digitale Revolution. https://de.wikipedia.org/wiki/Digitale_Revolution (2015)

Wikipedia.org: Postdigital. https://de.wikipedia.org/wiki/Postdigital (2015)

Wikipedia.org: Moore's law. https://en.wikipedia.org/wiki/Moore%27s_law (2015)

Wikipedia.org: Schöpferische Zerstörung. https://de.wikipedia.org/wiki/Schöpferische Zerstörung (2014)

Wikipedia.org: Geschäftsmodell. https://de.wikipedia.org/wiki/Gesch%C3%A4fts modell (2015)

Wikipedia.org: Google Books. https://de.wikipedia.org/wiki/Google_Books (2015)

Wikipedia Foundation Inc.: Big Data. http://de.wikipedia.org/wiki/Big_Data (2014)

Wikipedia Foundation Inc.: Emergenz. http://de.wikipedia.org/wiki/Emergenz (2014)

Wikiquote: George E. P. Box. http://en.wikiquote.org/wiki/George_E._P._Box (2014)

Wirtz, B., Kleineicken, A.: Geschäftsmodelltypologien im Internet. In: WiSt (Wirtschaftswissenschaftliches Studium), 29/2000, S. 628–635 (2000)

Wirtz, B.: Medien- und Internetmanagement, Wiesbaden (2001)

Wirtz, B.: Electronic Business, 2. Aufl., Wiesbaden (2001)

Wirtz, B., Becker, D.: Geschäftsmodelle im Electronic Business – Eine Analyse zu Erschei-
nungsformen, Erfolgsrelevanz und Entwicklungsperspektiven von Geschäftsmodellen.
In: Scheer, August-Wilhelm (Hrsg.) (2001): Die eTransformation beginnt! Lessons Le-
arned. Branchenperspektiven. Hybrid Econnomy. M-Business, 22. Saarbrücker Arbeits-
tagung 2001 für Industrie, Dienstleisung und Verwaltung, Heidelberg, S. 157–189 (2001)
Zott, C., Amit, R., Massa, L.: The Business Model: Recent Developments and Future Research. In: Journal of Management. http://jom.sagepub.com/content/ear-
ly/2011/04/29/0149206311406265 (2011)

Printed in the United States
By Bookmasters